Data analysis questions and answers

データ分析のリアル

まるごとQ&A

Data analysis
questions
and answers

データビズラボ
永田ゆかり

日本経済新聞出版

データ分析のリアル

まるごとQ&A

はじめに

　私はデータの分析・可視化、データマネジメントのコンサルタントです。

　これまで数多くの企業様のデータ関連のプロジェクトの立ち上げ・運用等の支援を行い、お客様と一緒に、さまざまな問題に向き合い、その解決策を考えてきました。

　本書は、これまで経験したプロジェクトの中でお客様からいただいた質問をもとに、その答えをまとめたものです。

　たとえば、こういった質問がありました。

　「データの活用を推進したいんだけど、そのためには予算の確保が必要。その予算を経営陣に承認してもらうためには、どうすればいいですか？」

　「BIツールを導入しても、社員が活用してくれないと意味がない。どうしたら、社内でもっとデータが活用されるようになりますか？」

　「データを活用したいと考えているんですけど、メンバーに知識もスキルもないから進められません。どこから始めればいいですか？」

　本書は、こういった質問をプロジェクトの段階ごとに整理し、それらに回答しつつ解説していくという構成になっています。

第1章ではデータ活用やデータ分析のプロジェクトを検討している段階で起きる疑問や課題について、第2章ではデータ分析プロジェクトのチーム組成やチームの考え方、チームでの進め方に関する質問や課題に回答します。

　第3章ではデータ分析の結果の質を高めるために、データ収集・取得の質を高めることについて、第4章ではデータ活用における技術的環境の土台であるツール、ソリューション類について解説します。

　第5章ではより実務的な疑問や課題、第6章ではデータ分析を経て可視化の段階まで進んだときに起きる課題や問題、質問に答えます。

　最後の第7章ではデータの活用に必要なデータそのものを安定的に取得するための活動が、正しく行われるように監督するデータマネジメントの課題や質問に答えます。

　私が得た知見が、少しでも読者の皆さまのお役に立てれば幸いです。

データ分析のリアル

まるごとQ&A

CONTENTS

はじめに

第 **2** 章

組織・チーム・人

– 「ITっぽいからシステムに強い理系の人を」は間違い –

第 **3** 章

データ収集・取得

– "Garbage in, garbage out"（ゴミからは、ゴミしかうまれない）–

第 **4** 章

データ活用ツール

– 性能や他社事例より相性が大事 –

第 **5** 章

分析設計・企画

–問いを言語化することで、目的にあった分析に落とし込める–

第 6 章
データ可視化

− 新たなものを使ってもらうには、認知が必要 −

第 **7** 章

データマネジメント

−ルールを作り、守ってもらうことが未来につながる−

プロジェクト開始

まずは小さな成功を育てる

本章では「データ活用やデータ分析のプロジェクトを検討している」段階で起きる疑問や課題について解決策を説明します。チームが結成されていない、社内で自分だけが検討している、といった場合にも参考になるようなトピックを集めました。

Q データ分析プロジェクトとは、どういうものですか？

A 「データ分析プロジェクト」は、データに価値を与える プロジェクト全てです。大きく５つのパターンを紹介 します。

データ分析プロジェクトは純粋な分析だけにとどまらない

　データ分析プロジェクトと言ったとき、多くの場合、売上の予測や効果検証のような数値計算をベースにしたものを想像する人が多いでしょう。それらももちろんデータ分析でありデータ分析プロジェクトの一つですが、「データ分析」という言葉が曖昧で便利な言葉であることから、実務の世界ではそれら以外を含むことがほとんどです。

　一般的に「データ分析プロジェクト」や「データ活用プロジェクト」と呼ばれるものは、大きく５つのパターンに分類できます。もちろん、プロジェクトの規模の大小があったり、複数の要素や観点が入り交じっているものもあります。

■純粋なデータ分析

　個別具体的な課題に関して、データで何らかの示唆や解を出そうとするものです。いわゆる言葉通りの「データ分析」で、多くの人がもっと

もイメージするものがこちらでしょう。

　例えば、よくあるデータ分析にはこのようなものがあります。

- ウェブ広告の効果検証
- ダイレクトメールの効果検証
- CMの効果検証
- ウェブアプリの継続予測
- 売上予測、需要予測
- 設備の故障予知
- エリアマーケティング（ジオマーケティング）分析・可視化
- アンケートのテキストマイニング
- ソーシャルによる顧客の声のテキストマイニング
- 36協定に基づく勤怠管理分析・可視化
- 財務データ分析
- 不動産の空室や稼働率分析・可視化

― 純粋なデータ分析の手順例

1. 分析要件の確認	2. 分析・可視化
○関係者へのヒアリングを行い、ビジネス課題を把握	○分析要件に適した分析モデルの構築
○ありたい姿と実現可能性のすり合わせ	○探索的分析
○保有しているデータの確認	○可視化構築
	○分析・可視化に必要なデータの準備
	○レポーティング

多くの場合、これらを「データ分析」と呼んでいるでしょう。既に、適切な手法に対し必要なデータが一通り揃ってから、スタートすることがほとんどです。

■ データの価値定義（ユースケース定義）

データの価値定義とは、データ分析のユースケース（活用場面）※を言語化し、実現可能性を検証し、データ分析や活用価値を定義するものです。

例えば、何らかの事業上の問いや解決したい課題に対し、現在のデータでどのような手法や可視化で分析可能か、なければどのようなデータが必要か、そもそも思い描いていることはデータで実現できそうか、といった概念実証（PoC）がこれにあたります。システム開発の分野で「要件定義」あるいは「要件定義プロジェクト」と呼ばれることもあります。

— データの価値定義（ユースケース定義）の手順例

1. 現況確認/保有データの調査	2. 分析要件定義	3. 概念実証（PoC）
○保有しているデータの確認	○解決すべき問いの設定	○MVP（50ページ参照）の構築
○既存の分析やモデルの確認	○必要となるデーおよび、分析・可視化の方法の具体化	○ツール選定
○実現したい分析の明確化	○データ構造の定義	

■ データ分析の基盤整備

データ分析の基盤整備とは、データを"分析・活用しやすい基盤"を整え、現在と将来のデータ分析をしやすくするものです。

分析をする際に効率的なデータにする取り組み全てを含みます。

例えば、データ統合、データ分析基盤の構築、データ加工の自動化、

※ ユースケース：データを活用して特定の目的や課題を解決するための具体的な事例やシナリオ。

─ **データ分析基盤整備の手順例**

1. データ活用目的の定義
- ニーズと各種戦略の集約
- 各要素の関連付けと整理
- データ活用の素案作成

2. 既存システムの調査
- 既存システムの保有データ・機能の調査
- 既存システムのデータの流れの調査

3. データ分析基盤構築
- データ分析基盤の設計と構築、実証

データモデリング※などがこれにあたります。

　大量のデータが企業内にあるのでそれを加工・分析すれば何か良い結果が出るに違いない、と勘違いしている人はまだまだ多いです。データの品質や信頼性、適切な分析手法、モデルの選択、行動への転換など、データ分析の過程や要素にも注意が必要です。データが企業内にあるからうまくいくとうものではありません。データ自体やその流れを高品質化したり、新たに取得するデータについて考えるのがこのパターンです。

■ **データに関するルール策定**

　データに関するルール策定とは、データにまつわるガバナンスやルー

─ **データに関するルール策定の手順例**

1. データガバナンス戦略策定
- 現状把握、リサーチ
- 保有データの理解
- 体制の検討・構築

2. 基本ガイドライン作成
- 事業に合わせたデータ基本戦略策定とビジョン策定

3. データガバナンス実施項目 策定
- データマネジメント実施部門とデータガバナンスの関係調整
- データガバナンスとして必要な実施項目と実施方法を策定

※ データモデリング：データ構造や関係を理解し、それを形式化するプロセス。

ルの策定を指します。

　例えば、組織内データガバナンスの方針策定、データマネジメント戦略策定などのプロジェクトです。第7章でも詳細を解説しています。

■データ分析・可視化の組織内浸透

　組織内において、データ分析・可視化やその活用を促進・後押しするパターンです。

　例えば企業内データ問い合わせ対応のチーム組成、データに関する社内カスタマーサクセス、各種データ研修、各部署に対する継続的なサポートといったものがあります。

　状況に応じて、基盤構築を進めながら組織内浸透も行うケース、可視化や分析をある程度構築したあとに業務部門のチームをつくるケースもあります。企業が抱える優先順位や状況により、様々な進め方があります。

── データ分析プロジェクトと成果物

	成果物例	詳細
純粋なデータ分析プロジェクト	レポートやダッシュボード	●データ分析の結果をまとめたレポートやダッシュボード ●実際にユーザーが活用する、データ分析結果を表示した画面
	プレゼンテーション資料	●実施したデータ分析に関して、当初の目的、利用した手法、実施後のビジネス・インパクトなど、分析の意義を他社に伝えるための資料
	予測モデルや機械学習モデル	●データ分析プロジェクトでは、データから予測モデルや機械学習モデルを構築することもある
	分析用データセットの整理	●分析のために準備されたデータセット ●データ分析では今あるデータをそのまま使用できることは少なく、前処理や欠損値処理、結合などのデータクレンジングにて分析に適したデータセットを用意する必要がある
	分析手法のマニュアル	●データ分析で使用した手法・アルゴリズムに関して、当事者以外も内容を理解し、分析を属人化させないために重要 ●分析手法の詳細な説明や実装方法の記述が含まれる

	成果物例	詳細
データの価値定義（ユースケース資料）	ユースケース資料	● データの活用方法や具体的な使用シナリオを記載した文書 ● データ分析、予測、最適化、パーソナライゼーションなどの具体的なビジネスケースを示し、データ活用の潜在的な価値や効果を示す
	要求仕様定義（ユースケース詳細仕様）	● 各ユースケースに対する詳細な要件、データ要素、利害関係者、出力結果、データフローなどを定義した仕様書 ● ユースケースの実現に必要なデータソース、分析手法、可視化方法、データ更新頻度 ● ビジネスの言葉で定義されたユースケースを、データ分析に必要とされる言葉に落とし込んだ資料
データ分析の基盤整備	データアーキテクチャ設計	● データアーキテクチャ図 ● 各種ドキュメント ● データフローダイアグラム ● データモデル
	データ統合およびETLプロセスの開発	● ETLプロセスのフローダイアグラム ● スクリプト ● データ変換ルールのドキュメント
	ダッシュボードプロトタイプ	● ワイヤフレームツールなどで作成したプロトタイプ
データに関するルール策定	データガバナンスフレームワーク	● データの品質、セキュリティ、規制順守などのガバナンスを確立するためのフレームワーク ● データガバナンスポリシー、データ品質基準、データアクセス権限、データプライバシー ● ポリシードキュメント、プロセスフローダイアグラム
	データガバナンスポリシー	● データの管理、品質、セキュリティ、規制順守などを確保するためのポリシー（データの分類、保管期間、アクセス制御、データ品質基準、データプライバシーなど）
	データ品質フレームワーク	● データ品質の評価基準やプロセスを定義するフレームワーク（データ品質の指標、データ品質の評価方法、データ品質の監視、問題解決手法など）
	データ分類およびラベリング規則	● データを適切に分類し、ラベリングするための規則（データの機密性、重要性、利用制限などを考慮した分類規則やラベリング規則） ● その他データ分類およびラベリングのガイドラインやドキュメント
	アクセス制御ポリシー	● データへのアクセス制御を確保するためのポリシーやプロセス（アクセス権限の設定、ロールベースのアクセス制御、データ利用の監視など） ● アクセス制御ポリシードキュメント ● アクセス制御プロセスのフローダイアグラム

	成果物例	詳細
データ分析・可視化の組織浸透	データ活用ガイドライン	● データの収集方法、分析手法 ● 可視化のルール ● データセキュリティの指針
	トレーニング資料およびワークショップのコンテンツ	● データ分析の基礎知識、ツールの使い方、データの可視化手法、データエシックスなどのコンテンツ ● トレーニング資料 ● ワークショップのプレゼンテーション資料 ● ハンズオンガイド
	データストーリーテリングのガイドライン	● データをもとにストーリーを組み立てる手法やベストプラクティスがまとめられたもの ● ストーリーテリングの要素、効果的なデータの可視化、影響力のあるメッセージング手法 ● テンプレート
	成果事例のプレゼンテーション資料	● データ活用の成功事例やビジネスへの影響を示す報告書やプレゼンテーション資料 ● データ活用による成果やROI（投資対効果）など

— データ分析・可視化の組織内浸透の手順例

1. 専任チームの設立

2. 戦略策定/ターゲティング

3. 施策の実行・評価

○ データ分析と可視化の組織浸透のための専任チームの設立

○ ターゲットの定義

○ ターゲットの行動変容の目的を明確化

○ カスタマージャーニーの構築

○ 施策の実行（例）
- データを見てほしい人にデータが届くようアクセス可能にする
- 部門間のコラボレーションができる環境の整備
- データ分析と視覚化のプロセスに関する透明性およびオープンなコミュニケーションの促進
- データ活用におけるベストプラクティスの共有
- データ分析と視覚化スキル開発のためのトレーニングの提供

1-2

そもそもビッグデータとは
なんですか？

A 大量のデータの集合のことです。

　データ分析プロジェクトを行う際、ビッグデータという言葉をお聞きになる方も多いと思います。「ビッグデータ」という言葉を死語だという人もいますが、死語かどうかよりも、データ領域でどのような概念を持つ言葉かを理解しておくことは重要です。

ビッグデータは一言で言えば「大量のデータの集合」

　「ビッグデータ」は、一言で言えば「大量のデータ」「大量のデータの集合」であり、そして時間とともに指数関数的に増えていくものを指します。次の図は、ご参考までに最近の世の中で生成されるデータ量の推移と予測です。直近、世の中でどの程度のデータが生成されるのかに関しては様々な予測がされていますが、データは日々指数関数的に増えていることがわかるでしょう。

　例えば、ニューヨーク株式市場では、1日あたり1TB（テラバイト）の取引データが生成されています。

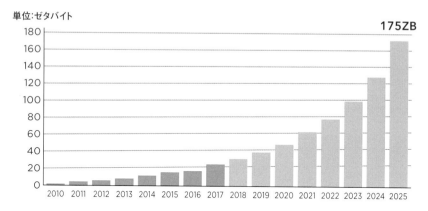

── 世界全体で生成されるデータ量の推移と予測

単位:ゼタバイト

175ZB

※1ゼタバイトは10億テラバイト＝1兆ギガバイト
出典：IDC Data Age 2025, The Digitization of the World From Edge to Core,November 2018 をもとに筆者加筆

　その他、ソーシャルメディアのデータなどは、日々ユーザーの投稿が大量に蓄積されるビッグデータの好例です。また、大企業で毎秒貯まっていく数万人分のPC稼働ログなども、ビッグデータとしてイメージしやすいかもしれません。

「ビッグデータ」をビッグデータたらしめている特性

　ビッグデータはとにかく大量のデータであると述べましたが、厳密に言うと、ビッグデータをビッグデータたらしめている3つの要素があります。厳密に理解するとより正確な理解につながるのでこちらでご紹介します。
　「ビッグデータ」は直訳すると「大きい（大量の）データ」ですが、概念上次の3つの要素が当てはまっている状態のものを指します。

1. 大量・膨大である（Volume）
2. 高速である（Velocity）
3. 多様である（Variety）

　英語では、これら3つ、Volume、Velocity、Varietyの頭文字をとって「3V」と言ったりします。一つ一つ見ていきましょう。

■ 大量・膨大である（Volume）

　文字通りデータが「膨大」であることを指します。前述した通り、量的に小さいデータはビッグデータとは言いません。時代を経て、ギガバイト→テラバイト→ペタバイト、など標準的に扱うデータボリュームがどんどん増えています。昨今生成されるデータ量の増加傾向に拍車がかかっている背景は大きく2つあります。

1. **データを収集できる"源"となるものが激増している**：IoTや様々なデバイス、ビデオ、写真、SNS、その他様々なプラットフォームなど、ソースとなるものが増えているためです。
2. **ストレージ単価が下がった**：技術の進化により、データをストレージ（貯留・保管）するコストが格段に下がったことも、データ量増加に拍車をかけました。

■ 高速である（Velocity）

　データが高速で生成・収集されることを指します。ビッグデータ環境では、データがリアルタイムまたはほぼリアルタイムで生成され、処理されることが一般的です。例えば、ソーシャルメディアの投稿、センサーデータの収集、ウェブトラフィックのログなどが高速なデータ生成の

例です。

　Velocityの意味は、ビッグデータの処理と分析において、データが迅速に取り扱われる必要があることを示しています。データの高速な生成に対応するために、リアルタイムデータ処理やストリーミング処理の技術が必要とされます。

　一方、「高速でない」とは例えば月末などの月に1回、その月のデータを集め一括処理すること（月次バッチ処理）などにあたるでしょう。

　取引が行われて1ヶ月後に通信・処理されるのと、リアルタイムで処理されるのとでは、そのスピードは全く違います。また、ご参考として、2025年には世界で生成されるデータの30%がリアルタイムデータになるという予測もあります。ここからも、リアルタイムデータが求められている状況、またリアルタイムデータでなければ活用しにくいことが推察できるかと思います。

■ 多様である（Variety）

　文字、音声データ、動画など"多様"な形態でデータがデータベースにあるということです。

データ領域のプロジェクトの成果物例一覧

　さらに具体的にプロセスをイメージ・理解していただけるよう、それぞれのプロセスで一般的につくられる成果物を紹介します。プロジェクトの状況に応じてカスタマイズされます。

　多様性の例としては、以下のようなものがあります。

1. **構造化データ**：テーブル形式やスプレッドシートなど、明確なスキーマや固定のフィールド構造を持つデータ。例えば、顧客の氏

名、住所、注文履歴など。それぞれのデータの意味が明確に定義づけられており、情報を取り出しやすいフォーマットのデータです。リレーショナルデータベースにおける行と列の形やスプレッドシートが、構造化データの格納方法として一般的です。

2. **非構造化データ**：テキストファイル、画像、動画、音声ファイルなどの形式の異なるデータ。例えば、ソーシャルメディアの投稿、メールの本文、センサーデータなど。

3. **半構造化データ**：XMLやJSONなど、一定の構造を持つが完全には構造化されていないデータ。例えばウェブログや、センサーデータの一部。

大企業に限らず、多くの人や企業が、ビッグデータを保有している

大企業でなくとも、経費精算システム、勤怠管理システム、顧客管理システムなどを使っている企業は多いでしょう。そのような、普段"日常的に目に見えるシステムやツール類"も多くの人のデータが長期間貯まっていけば「ビッグデータ」であり、分析する価値のある資産です。

データにはビッグデータとは言えないものもある

ビッグデータという言葉自体、「1TB以下はビッグデータではない」など閾値があるようなものではありませんが、量的にあまりに小さいデータはビッグデータとは呼びません。

例えば、iPhoneのメモ機能でとったその日のご自身のメモデータはビッグデータとは言えません。しかし、これが組織で使っている

iPhoneで、会社の従業員1,000人の通話記録、ログ、iCloudのデータの集合体であれば、それは「大量のデータの集合」であり、ビッグデータと言います。もちろん例外はあるものの、ざっくり下記のようなイメージで大きく間違っていません。

── ビッグデータのイメージ例

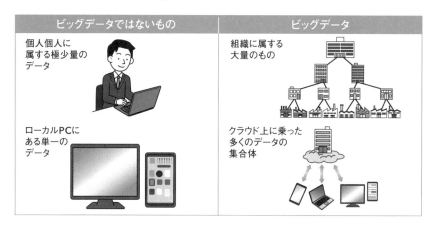

データには「種類」がある

ビッグデータを扱えるようになったことで、データの種類を正確に把握する必要性が高まりました。

■ 構造化データ

構造化データは、テーブル形式のデータであり、固定されたスキーマ（データの構造）に基づいて管理されます。これには、リレーショナルデータベースのテーブル、スプレッドシートのデータなどが含まれます。

■非構造化データ

　非構造化データは、形式や構造が定義されていないデータです。これには、文書、メール、ソーシャルメディアの投稿などのテキスト、画像、音声、ビデオなどの動画が含まれます。非構造化データは、自然言語処理や画像認識などの技術を使用して解析されます。

■半構造化データ

　半構造化データは、一部の構造やタグを持つが、完全に構造化されていないデータです。XML（拡張可能マークアップ言語）やJSON（JavaScript Object Notation）形式のデータが一般的な例です。半構造化データは、柔軟性を持ちながらも特定の属性や要素を抽出することができます。

ビッグデータの活用事例

　それでは、ビッグデータはどこで使われているのでしょうか。ビッグデータの使用目的は様々ですが、下記に、特にイメージしやすいいくつかの例を見てみましょう。

■ビジネスインテリジェンス

　企業のデータを収集・分析し意思決定や戦略策定に役立てるものです。さまざまなデータソースからデータを収集し、それを分析・可視化することによって洞察を得ます。

■マーケティングと顧客分析

　ビッグデータを使用して、顧客の嗜好や行動を理解し、ターゲット市

場を特定します。購買履歴やオンライン行動データなどの情報を分析し、個別のマーケティングキャンペーンやパーソナライズされたプロモーションを提供することができます。例えば、顧客が次に購入するであろう商品を予測し、おすすめ商品として提案するなどです。

■ヘルスケアと医療

医療機関や病院は、患者の健康データや診断データ、治療データなどの大量のデータを収集しています。ビッグデータの分析を活用することで、病気の早期検出や予防、治療の最適化、医療リソースの効率的な配置などが可能となります。

■交通と物流

輸送業界では、GPSデータやセンサーデータなどのビッグデータを活用して、交通の流れや運送ルートを最適化することができます。物流チェーン全体を可視化し、在庫管理、配送ルートの最適化、需要予測などの課題に対応するためにビッグデータが活用されます。

■IoT（インターネットオブシングス）

物理的なデバイスや機器がインターネットに接続され、データの収集、共有、制御を行う技術や概念です。IoTデバイスから収集されるビッグデータを活用することで、スマートホーム、スマート都市、産業制御などの領域でさまざまな応用が可能です。センサーデータのリアルタイム監視や予測メンテナンス、エネルギー効率の向上などが挙げられます。

ビッグデータはプロセスを経て"使えるもの"になる

　データさえあれば何かすぐにできると思う方もいらっしゃるかもしれません。しかし、大量のデータを真に価値あるものにするにはツールやテクノロジーが必要です。

　ここでは個別的な詳細は割愛しますが、次のようなプロセスを経てビッグデータは価値を持ちます。

── ビックデータを活用するプロセス

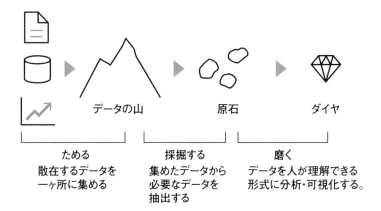

データの山　　　　原石　　　　ダイヤ

ためる	採掘する	磨く
散在するデータを一ヶ所に集める	集めたデータから必要なデータを抽出する	データを人が理解できる形式に分析・可視化する。

　このように、ビッグデータは単に貯めておくだけでは価値は生まれず、活用するためにはプロセスが必要であるということを理解することが大切です。

1 - 3

Q データ分析プロジェクトは、
どれくらいの期間がかかりますか？

A 初期のプロジェクトは数ヶ月単位が目安です。ただし、成果を出すためには最低2年は継続する必要があります。

短い期間で区切り、フィードバックを得て反復改善することが鍵

　様々な状況があるため、データ分析プロジェクトの期間を一概に言うのは難しいというのが正直なところです。しかし、「一概に言うのは難しい」という回答ですと、示唆がありません。次の表に、期間の目安をカテゴリとマッピングし整理しました。

　これらのプロジェクトは複雑に絡み合っており（各プロジェクトは独立して存在しているものでもない）、一筋縄ではいかないということをご理解いただければと思います。

　最初は短い期間で区切り、一定の成果を出そうとする場合の目安です。

カテゴリ	期間の目安	ポイント
1.純粋なデータ分析	● データの状況やゴール感によるものの、何らかの示唆や解を得るまで**1〜3ヶ月程度**のコンパクトなプロジェクトにすることが多い ● 1年ほど続けるプロジェクトももちろんあるが、3ヶ月で刻み成果を確認していくことが多い	● このデータ分析の終了後、必要なデータに気づいたり、データの質を向上するプロジェクトを開始することが多い ● 1〜3ヶ月後、出た結果をもとにさらに精度を上げたり、新たなデータを組み合わせるなど試行錯誤していく
2.データの価値定義	● これからデータ活用の取り組みを行うときに実施し、**2〜6ヶ月程度**のプロジェクトとなることが多い ● 会社としてデータ活用が初の取り組みでなくとも、人事領域、営業領域の改革など個別的な領域を起点とすることがきっかけとなり、検証を行うことも多い	● データ基盤整備と同時並行で行うことも多い。価値定義や要件定義はデータ基盤を構築する際の材料になるため、構築前に行うことも多い
3.データ分析の基盤整備	● **3〜6ヶ月**でおおむねの構築を終了し、その後細かな微修正を行うことが多い	● 基盤構築後の活用やメンテナンス、浸透化がより重要 ● 運用体制の構築やユースケース策定が次の課題となる
4.データに関するルール策定	● **大枠の方針は数ヶ月程度**が多い。その後の**詳細化は年単位のプロジェクト**となることが多い	● データ活用がある程度進み、使われ方が混沌としてきた際に課題意識を感じることが多い
5.データ分析・可視化の組織内浸透	● **年間の中長期的な取り組み**	● データ活用やPoCなどがある程度進み、どのように組織で活用促進をするかの課題意識でスタートすることが多い

データ分析プロジェクトの期間に影響を与えるもの

　初期段階は数ヶ月程度の短期間がおすすめですが、データ分析プロジェクトの期間は、プロジェクトのスコープ、目的、データの複雑さ、リソースの可用性などによって異なります。一部の簡単なプロジェクトは数週間で完了する場合もありますが、より複雑なプロジェクトは数ヶ月以上かかる場合もあります。

データ分析プロジェクトの期間に影響を与えるいくつかの要素を示します。

■プロジェクトのスコープと目的

　プロジェクトのスコープ、目的、および期待される結果によって、プロジェクトの期間が異なる場合があります。大規模なプロジェクトや複数の目的を持つプロジェクトは、より長い期間が必要となる可能性があります。

■データの品質と可用性

　データ分析プロジェクトの期間は、データの品質と可用性にも大きく影響されます。データが不完全であったり、欠損値やエラーが多い場合、データの前処理やクリーニングに時間がかかる可能性があります。

■分析手法と複雑さ

　使用する分析手法やアルゴリズムの複雑さも、プロジェクトの期間に影響を与えます。高度な機械学習アルゴリズムや予測モデルを使用する場合は、モデルのトレーニングやチューニングに追加の時間が必要です。

■プロジェクトのリソース

　プロジェクトに割り当てられるリソース（人材、技術、ツール）の可用性や能力も、プロジェクトの期間に影響を与えます。十分なリソースが確保されていない場合、プロジェクトの進捗や期間が遅延する可能性があります。

■コミュニケーションと共同作業

　プロジェクトメンバー間のコミュニケーションや共同作業の効率性
も、プロジェクトの期間に影響を与える要素です。適切なコミュニケー
ションと協力の下でプロジェクトが進行すれば、期間を効果的に管理す
ることができます。

　いずれのプロジェクトであっても、プロジェクトの目標を明確にし、
十分なリソースを割り当て、適切な計画とスケジュールを立てることが
重要です。

Q データ分析プロジェクトは、 どこまでやったら終わりですか?

A 本質的にはデータ活用に終わりはありません。よく、「このデータ分析が終了したら終わり」「基盤を構築したら終わり」など何かわかりやすいものを"作ったら終わり"と考えてしまう人は多いですが、多くの観点で継続的な改善が不可欠です。

何かを構築して終了にはならない

　例えば、事業上重要になる指標の可視化をしたい、ということが会社で喫緊の課題となり、取り急ぎのプロジェクトを立ち上げたとします。

　「事業上、重要になる指標の可視化をする」ということをプロジェクトのゴールとすると、次のような作業が発生するはずです。

- 何を使って可視化するかの議論・設計・決定
- 可視化する指標の設計・決定
- どのように表現するかの設計・決定
- 実装・構築
- 課題と今後の展望の整理

　一定の指標の可視化が終わり、当初のニーズが満たされると、おおむ

ね、次のようなことに挑戦したくなります。

- リアルタイム、少なくとも日次で更新されるようにしたい
- 他の種類のデータも入れて、連動させたい
- 同じ画面に、異なる指標も入れたい
- 他のデータも可視化したい

そして、これが終わると、次はこれらです。

- 他の部署に同じものを横展開したい
- データ統合をしたい
- 最適なデータ分析基盤を作りたい
- これをスムーズにメンテナンス・改善するリソースが欲しい
- データを使うルールを決めたい
- みんなが同程度のレベルで使いこなせるようになりたい

このように、芋づる式に、着手すべきことに気づき、それらを次々と高度化していくのがデータ分析の世界です。**何かを構築したらその効果的な運用をどうするか、何かを分析したらそれをより発展的に分析するにはどうするか、より効率的に行うにはどうしたらよいか、が次の課題となるからです。**

区切りや契約としてのプロジェクト単位を細かく作ることはもちろんあります。しかし、データ分析や活用は継続的なプロセスであり**「いつが終わり」「これをやれば終わり」と決めることにほとんど意味はなく、常に改善・高度化していく姿勢**でいることが何より業界での競争力を向上させるものとなるでしょう。

複数の要素が融合し初めてうまくいく

組織の中でデータ活用の浸透目指す時、戦略、環境、スキル、社内推進の観点がいずれも重要です（概念上、色々な切り口があり賛否両論あるものの、わかりやすくするためにこのように区切っています）。

これらは、どれか一つやればよいというものではなく、全ての要素がそろうことでじわじわとゆっくり、融合し歯車がかみ合うように、少しずつうまくいき始めるということがほとんどです。

なんらかのデータ分析や可視化をきっかけに、データ領域の高度化がスタートする、ということはよくあります。

しかし、それらが終わったとしても未開拓のホワイトスペース（まだ活用されていない領域）はまだまだあり、掘り下げていくべきポイントはたくさんあります。

それぞれのポイントは例えば次のようなことです。

1. **戦略**：トップマネジメントのコミットメント、チーム組成、ビジョン策定、投資予算策定
2. **技術的環境**：プラットフォーム、サーバー、ネットワーク、データガバナンス
3. **分析者のスキル**：課題設定、前処理・前整形、分析ツールへの習熟、分析手法や技術への理解
4. **社内推進**：継続的な学習環境、アクセス環境、問い合わせサポート、技術共有の機会など

上記はざっくりとした抽象度の高い要素ではあるものの、これら全て

を高いレベルに持っていこうとすることこそがデータ分析プロジェクト
とも言えます。どこを深めていくかの順番はあっても、終わりはありま
せん。

最低2年は本腰を入れて頑張らないと成果は目に見えにくい

目に見えて成果や文化が変わってきたと実感を得るには、どのような
会社規模であっても、2年以上かかることが多いです。多くの場合、想
像以上に大変な道のりです。

その理由としては、成果を出すには以下をある程度クリアしていなけ
ればならないからです。

■ プロジェクトの範囲と複雑性

プロジェクトの規模や複雑性が高いほど、成果を実感するまでの期間
は長くなる傾向があります。データの収集や統合、分析手法の開発、シ
ステムの構築など、多くの作業が必要な場合は時間がかかります。大体
6ヶ月ほどです。

■ データの品質と可用性

データの品質や可用性の問題がある場合、その解決に時間がかかるこ
とがあります。データのクレンジングや統合、適切なデータストレージ
やインフラの整備など、データ基盤の整備に時間がかかる場合がありま
す。こちらは最低6ヶ月〜1年ほどです。

■ スキルとリソースの獲得

データ分析やデータ活用に必要なスキルやリソースが組織内に不足し

ている場合、その獲得に時間がかかることがあります。適切な人材の採用やスキルの育成には時間と努力が必要です。こちらは3ヶ月〜というところです。

■ 組織の文化と変革の速度

　データ活用は組織の文化やビジネスプロセスの変革を必要とする場合があります。組織の文化の変化や意思決定のプロセスの変更は時間がかかる場合があり、それによって成果や文化の変化を実感するまでの期間が長くなることがあります。こちらも半年以上はかかります。

　しかし、言い換えれば、「結果が出るまで時間がかかること」は多くの企業にとって、難易度が高いことなので、「やるだけで上にいける」「ライバル社が始めたとしても真似するまでに時間がかかる」とも言えます。

1 - 5

Q データへの投資やプロジェクト
開始の説得材料がありません。
どうしたらよいですか？

 A 小さな成功事例（クイックウィン）を作って、社内に広報
すると、うまくいくことが多いです。

小さな成功事例が、将来の予算どりにつながる

具体的には、次のプロセスで行うイメージです。

1. 小さく達成した成功を、社内に宣伝する（"スモールスタート・クイックウィン"の精神）
2. その成功事例にあやかりたい人たちが、同じようにパターンを真似て成功事例を作る
3. 同じ成功パターンが増えていく
4. 別のパターンでデータ活用のための予算を取りやすくなる
5. データ活用の功績を自分のものにしたいと考える一部の経営層が、データ活用の推進役を買って出る

……という形です。

説得材料づくりや交渉は、小さくてもいいので**具体的な実績をもとにする**とうまくいく、ということです。これをよく「クイックウィン」と

41

言います。

"小さな"成功（クイックウィン）である理由

なぜ小さな成功を狙うのでしょうか。社内での実績もろくにないうちから、**いきなり、多額の予算と期間がかかる大きなプロジェクトをやろうとしても、会社の上層部になかなか認めてもらいにくいからです。**

まずは小さな成功、小さな実績を作ると、もう少し大きなプロジェクトの承認がおりやすくなります。

言い換えれば、**"わらしべ長者"**的に、少しずつプロジェクトを成功させながら、プロジェクトの規模を大きくしていけば、やがては会社全体を大きくデータ活用へと舵を切るように持っていきやすくなります。

クイックウィンの起こし方

クイックウィンを起こせといっても「その起こし方がわからない」という方もいらっしゃるでしょう。

クイックウィンのあり方は企業により様々で、SIerやコンサルティングファームが行っている支援であることもありますし、部署でこれまで手元でコピペ作業していたことを自動化や省力化してみることだったりします。

これらは、「小さな成功」を起こすためのヒントです。

- ある作業の1プロセスで行われているコピペ作業など、手元の作業がなくなる（大幅に低減する）世界を、小さな規模で見せる
- 数字の羅列など、見づらくてよくわからなかったものを、瞬時に理解できる可視化の世界を具体的に見せる

- 属人的に行っているタスクを、多くの人に共有できる世界を小さな規模で作る
- 紙文化により非生産的な業務になっている場合、小さな規模で脱却してみる

　クイックウィンのネタとしては、企業のビジネス規模やまわりの環境に合わせて、"素早く"結果を出せるものがよいです。

■ コピペや紙文化を脱却した例

　わかりやすいクイックウィンの事例として、デジタルマーケティング領域の生データを使って具体的に分析と可視化を行い、これまで紙で実績値が出てから1ヶ月後に共有していたレポートをリアルタイムに共有できる世界を構築した例などがあります。

経営層のコミットメント

　また、**経営層のコミットメントやプロジェクト関与はデータ活用をスムーズに進める上で必須**です。

　そもそもデータを活用すること自体が「明日にも事業がどうにかなってしまう」というような緊急性の高いものではなく、かつ成果が出るまでに時間がかかることであり、後回しになりがちです。だからこそ、経営層・トップマネジメントの推進力がないと、途中で頓挫してしまう可能性が高くなります。

　データ活用は結果が出るまでに時間のかかる取り組みです。ですから、そもそも短期的な最適化だけを考えている会社や短期ROI（投資利益率）を追うことに注力している会社は、現実的にはデータ活用で成果を出すのは難しいでしょう。成果がすぐに見えなければお金が勿体無いと

いう考えがあったり、小さく始めて育てるところまで待てなかったりするためです。

　その他にも次のような理由で経営層のコミットメントは重要になってくるでしょう。

- 社内推進や能力開発など目に見えにくいことは上層部から支援されなければ継続しにくいから
- データ活用は複数部署との連携が必須となるから

　クイックウィンを出しながら、**経営層のコミットメントを得るフェーズに時間をかけるのは、中長期的に見れば割に合うものなので、時間をかける価値があります。**

　経営層のコミットメントを得るためのポイントとして、次のようなものがあります。

■価値の明確化

　事業価値へのインパクトを明確にします。経営層がもっとも関心を持つ領域である売上増加やコスト削減、顧客満足度などを重視し、データ活用のプロジェクトがどのような価値をもたらすかを示します。

■ROIの見積もり

　データ分析プロジェクトで期待される投資対効果を見積もります。ROIを算出しましょう。

　また、データ分析プロジェクトのROIを見積もるのは、頭ではわかっていても実際やろうとすると難しいものですから、次の手順を参考にしてみてください。ROIの見積もりは予測や見通しに基づくものであり、実際の成果や結果とは異なることもあります。プロジェクトの進行

状況をモニタリングし、定期的にROIを評価し、必要に応じて見積もりを修正することが重要です。

（1）投資コストの特定
プロジェクトに必要な人件費、ツールや技術の導入費用、データの収集や整備に関わるコストなど、プロジェクトにかかる総投資コストを特定します。

（2）利益の特定
データ分析プロジェクトによって期待される利益を特定します。これには、コスト削減、効率改善、収益増加、新たなビジネスチャンスの発見など、様々な要素が含まれます。具体的な数値や目標を設定しましょう。

（3）収益とコストの時間軸の明確化
ROIは通常、特定の期間における収益とコストのバランスを示します。データ分析プロジェクトによる収益の実現までの時間軸やコストの発生タイミングを明確にします。

（4）ROIの計算
収益とコストを時間軸に基づいて見積もり、ROIを計算します。ROIは、（収益 - コスト）/ コスト の式で算出されます。ROIが正の値であれば、プロジェクトは投資に対して利益を生むことが期待されます。

（5）不確実性やリスクの考慮
ROIの見積もりには不確実性やリスクが存在することを認識しましょう。プロジェクトの成功確率やリスク要因、不確実性を考慮した上で、見積もりを行います。

（6）フィードバックと更新
プロジェクトが進行するにつれて、収益やコストの見積もりを検証

し、必要に応じて修正や更新を行います。実際のデータや成果を基に、ROIの見積もりを改善することが重要です。

■ プロジェクト計画の共有

プロジェクト計画を明確にし、経営層と共有することが大切です。プロジェクトのスコープ、目的、期間、予算、リソース配分などを明確にし、経営層と協議することで、経営層の理解と支援を得ることができます。

■ 成果の可視化

プロジェクトの進捗状況や成果を可視化することが重要です。経営層は、プロジェクトが事業にどのような価値をもたらすのかを確認するために、定期的なレポートやダッシュボード（264ページ参照）などの報告を求めることがほとんどです。これらをうまく可視化させることにより、プロジェクトの進捗状況や成果を透明化し、経営層の理解と支援を得ることができます。

クイックウィンの足がかりとなるプロトタイプ

クイックウィンの起こし方は色々ありますが、私の経験では、本格導入の前にデータ分析・可視化のプロトタイプを作成することがほとんどです。ここで言うプロトタイプとは、具体的な試作品のことです。

プロトタイプを作ることで、次のようなことが理解できたり、新たな
発想ができるようになります。

- 新たな分析の切り口
- ツールの使いにくさと改善点
- さらに必要なデータ

　具体的なものがないまま抽象的な議論を進めるだけよりもはるかにア
ウトプットの質が向上します。プロトタイプを素早く作成し、その後練
ってリリースするというステップを踏むことで、そのデータ分析や可視
化の浸透度や活用の度合いが大きく変わります。

PoCとMVPの違いは
なんですか？

PoCは概念実証のことです。一方、MVPは価値を提供できる、最低限動くプロダクトやサービスのことです。PoCプロジェクトの中で、MVPを構築する、ということが多いです。

PoC

　PoCはProof of Conceptの略で、概念実証と訳されます。PoCは限られたスコープで行われ、短期間で実施されることが一般的です。「具体的な価値はやってみないことにはわからない」という性質のものに対し、短期間でその実現可能性や有効性の検証を行うことが多いです。データ領域のPoCとしては、具体的には、こういったものがあります。

- **技術の実現可能性の検証**

  新しい技術やアルゴリズムの実現可能性を評価するためのPoCが行われることがあります。例えば、機械学習アルゴリズムの適用可能性を評価するために、小規模なデータセットや簡単な問題に対してアルゴリズムを適用して結果を検証することができます。

- **機能や概念の検証**

  新しい製品やサービスの機能やコンセプトの有効性を検証するため

に、PoC が行われることがあります。例えば、新しいモバイルア
プリのプロトタイプを開発して、ユーザーがその機能や使いやすさ
にどのように反応するかを評価することができます。

● **データ統合の検証**

複数のシステムやプラットフォームの統合の実現可能性や相互運用
性を検証するために、PoC が行われることがあります。例えば、
異なるデータソースやアプリケーションを統合して、データの一元
化や相互連携を実現するための PoC を行います。

ツールの選定で言えば、比較表や文書の説明だけではわからないこと
が多いです。そのため、「実際にこのツールで実データを使って分析や
可視化を行うとどうなるのか？どのような価値が出そうなのか？」に応
えるのがPoCです。

MVP

MVPはMinimum Viable Productの略で、最低限の動くプロダクト
やサービスということを指しています。アジャイル（スクラム）開発のプ
ロジェクトでもよく使われる概念です。

次の図が、MVPを的確に表しています。

この図で言うと、上段のように、最初から完成形・最終形を目指すの
ではなく、「移動する」「動く」という価値自体に焦点をあて、最終形に
持っていくという考え方がMVPです。

「ある地点から別の地点へ移動したい」というユーザーの声があった
として、「車」という完成品を時間をかけて作成するよりも、まず「ス
ケートボード」（最低限 "動くもの"）を作成し、ユーザーから改善点のフィ
ードバックを得ようというのがMVPの考え方です。

出典：Henrik Kniberg "Making sense of MVP (Minimum Viable Product) – and why I prefer Earliest Testable/ Usable/Lovable" https://blog.crisp.se/2016/01/25/henrikkniberg/making-sense-of-mvp

　場合によりますが、フィードバックと改善を繰り返し、2週間-1ヶ月程度でできるものを一つのMVPとすることも多いです。例えば、分析・可視化を試みたり、またそれらを実現するための分析基盤を考える際、次のような流れ（データパイプライン）を大まかに設計します。この流れの中で、具体的に動き、価値が出せる最低限のものを作るイメージです。

— データパイプライン

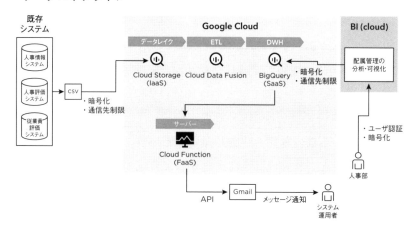

Q お金も人も不足している状態で、データ活用を進めるためのアドバイスはありますか？

A 重要な問題に集中し、小規模でのデータ分析や活用を進めることがおすすめです。実際、データ活用に強い関心を持つ一部の方だけで取り組むことでスピーディに成果を上げられていることも多々あります。

　データを扱う仕事やそのプロジェクトは、人や予算が潤沢にある企業だけが行うものではありません。限られたメンバーの方が、コンパクトな予算でスピーディにデータ分析や活用が行えることも多々あります。ここでは、少人数・低予算で進める際のポイントを紹介します。

重要な問題に集中する

　データを扱うプロジェクトでは多くの時間と労力が必要ですが、それぞれの課題に取り組む前に、もっとも重要な問題にフォーカスしてください。必要なデータ収集と分析を最小限にし、課題を解決するための最適なアプローチを見つけることができます。

　これは、一見当たり前のように見えますが、プロジェクトの進行過程で、あれもやりたい、ここまで広げなければ……となっていくことはよくありますので、特に注意が必要です。

　そこで、何をもって重要とするかが問題かと思います。どのような問題が重要なのかを考える際のポイントをまとめました。これらの要素を

総合的に考慮し、ビジネス目標や戦略に最も直結し、最も大きな価値と影響を持つ問題にリソースを集中的に投入します。

■ ビジネス目標と戦略

まず、企業のビジネス目標と戦略を明確にします。どのような成果や改善が重要であり、ビジネスの成功に直結するのかを把握します。

■ ビジネスニーズと課題の特定

ビジネスニーズや課題を特定し、それらがデータ活用によって解決可能であるかを評価します。例えば、収益の向上、コスト削減、顧客満足度の向上、市場競争力の強化など、具体的な課題を明確にします。

■ ビジネスインパクトの評価

各課題や問題の解決が持つビジネスへのインパクトを評価します。どの課題が最も重要であり、解決することで最も大きな価値が生まれるのかを判断します。

■ 可能性と実現性の評価

問題の解決に必要なデータの可用性、アクセス可能性、分析手法やツールの実現可能性を評価します。リソースの制約や技術的な課題がある場合、実現可能性を考慮することが重要です。

■ リスクとROIの評価

各課題のリスク要因とROI（投資利益率）を評価します。リソースの限られた状況下では、リスクが比較的低く、ROIが高い課題に重点を置くことが効果的です。

■ ステークホルダーの関与と意見の収集

　ビジネス部門や関連するステークホルダーとのコラボレーションを通じて、重要な問題を特定しましょう。彼らの意見やニーズを収集し、データ活用がどのようにビジネス価値を提供できるのかを理解します。

業務時間内に学習時間をとる

　新しいことを学んだりツールに習熟するにあたり、時間の確保は必須です。しかし、多くの会社でこの点への配慮はないがしろにされがちなのではと感じます。もちろん、スキルアップはメンバーの自助努力による部分が大きいです。上長の方と工夫して仕事量の調整や学習時間、キャッチアップ時間の確保をするのがコツです。

　私の経験では、中核となる重要なテーマの学習やキャッチアップは業務時間内にきちんと入れ、さらに付加的なワークショップやさらに上級は業務時間外で任意でする、というスタイルで行うとうまくいっていることが多い印象です。

経営層・トップマネジメントが自ら学ぶ姿勢を見せる

　研修やトレーニングを提供する側の視点でいつも思うのは、データ活用・DX（デジタルトランスフォーメーション）がうまくいっている企業ほど、役員の方や部長・課長クラスの方が一番前で一生懸命学ぶ、ということです。この姿には、私自身いつも感動します。

　経営層・トップマネジメントの方が「自分ごと」として学んでいる姿勢を見せることで、スタッフの方たちもモチベーションが上がることが多いです。

専門家・伴走者をつける

　専門家、プロフェッショナルを一人でも参画させ伴走してもらった方が、結果的にははるかに効率的に進むことが多いです。特に最初のころは、「これをするために何をしたらいいかがわからない」という状態が多いため、具体的で正確な指示出し・タスクの切り分けが行える専門家・プロフェッショナルを、一人でもよいのでそばにおいた方が話が早いです。

　人も予算もない場合、視野が狭くなり、東に進むべきところで西に行ってしまっていることも多いです。質のいい専門家は、東に行くべきときに東に進んでいることを確認する羅針盤としての機能も果たしてくれます。

最初からツールやソリューションで解決しようとしない

　データ分析やデータ活用の文化を醸成するのは、新たなツールや高額なソリューション導入ではありません。重要なのは、事業に必要なことを考え抜き、どのようなことが理解できたり分析できたら事業に寄与するのかを真剣に考えることです。

　ツールを導入しなくとも、例えば少人数でチームを作り、「一旦Excelでできる限界までやってみる」、というのも非常に価値のある試みです。そして、工夫すればExcelでできることもかなりありますので、「Excelで十分だった」と理解することもあるでしょう。事業にとって質の良いデータ分析の結果や意味のある解釈を得るには、事業をよく理解している人が理想です。

まずは事業を理解している自分自身が分析にトライする、というのがおすすめです。ツールやソリューションはやりきってからの導入でも決して遅くありません。

外部の支援を活用する

　データ活用の専門家やコンサルタントを探し、外部の支援を活用することができます。良いコンサルタントであれば、現在の状況を分析し、最適な戦略を提案するはずです。さらに、外部の支援を利用することで、マネジメントさえうまくできれば、人員不足の問題を解決することもできます。

自動化を活用する

　データ収集や分析などの作業を自動化することで、時間や労力を節約することができます。自動化ツールを活用することで、手作業によるヒューマンエラーや漏れを防ぐことができます。ヒューマンエラーや漏れの修正は意外に時間を食っていますので、一部でも自動化して工数を減らしましょう。

小規模な実験を行う

　大規模なプロジェクトを開始する前に、小規模な実験を行うことで、必要なデータの量やアプローチを決定することができます。小規模な実験では、必要なリソースを最小限に抑え、重要な結果を得ることができます。

　小規模な実験を行うことで、意外に予算がかかった、また逆に意外に

予算がかからないものなんだな、などと気づき、さらなる精度の高い判断に寄与するはずです。

Q データについて理解のある
経営層がいません。このような企業でも
データ分析や活用に取り組めますか?

A デジタル領域に疎いからこそ「自由にやっていい」と
任せてくれるパターンも意外と多く、前向きにやらせ
てくれることも多いです。現実を見ながら一歩ずつ
やっていくことがうまく進めるコツです。

わからないからこそ、任せてくれることも意外に多い

　もちろん、「データについて理解がある経営層が仕事を任せてくれる」
というのが取り組みとしてもっともスピーディに進みます。**一方で、経営層がデータやDXに関して「よく理解していないけど任せてくれる」場合**（多くは推進者や推進部隊が信頼されているケース）でも、**チームや体制をうまく社内で組成すれば、実務はうまくまわるでしょう。**

　このような任せてくれるケースでは、現時点で社内にデジタルが浸透していないとしても、この領域に勘所のある方が率先して取り仕切り、コンサルティングファームなど外部の専門家とうまく連携してプロジェクトがまわっていることが多いです。

　そして、経営層がデータについて理解が浅く、さらに任せてくれないパターンでは、「わからないものに対する不安感」「わからないものにお金を使う恐怖感」が課題の正体だったりします。その点を信頼構築とともにうまく解きほぐしてあげることが重要です。

現状からかけ離れたすごいことをやろうとしない

　また、**現状からあまりにかけ離れたすごいことをやろうと思わず、一歩一歩着実に実行していくことが重要**です。

　データ活用・デジタル領域の話は、投資金額が大きくなりがちなことから、「誰も気づかなかった何かを得られるようになる！」など、思ってしまいがちです。しかし、階段は1ステップずつ上らないと、先までいけません。地味ではありますが、まず丁寧にきめ細かに現状把握をできるようにすることが第一優先です。

　多くの方が、最初の一歩目を飛ばして高度なことをやりたくなってしまいます。しかし、次のような理由から、一歩目を飛ばすことはほぼ不可能です。

- 最初から高度なことをやろうとしても、データの質がボトルネックとなってしまう
- 一歩目を踏んでいないため、組織にデータを見て理解する力がついていない
- 現在の業務やそれに付随するデータを把握・可視化できていないため、高度な分析を活用できない

　シンプルな可視化からの現状把握は地味な第一歩ですが、やってみると、意外に自社の数字を何も把握できていなかったことに気づくものです。この一歩目のプロセスをスキップする人がいますが、これを飛ばして"それっぽいもの"ができてもあまり意味がありません。

1-9

Q 社内でデータ活用を進めたいの
ですが、まず何をすべきですか？

A どの部署がどのようにデータを使っているか、全体像
を把握することです。そしてその把握できる環境を作
ることです。

丁寧な現状把握が鍵

　もしあなたが、これから一人で組織のデータ活用を率いていくのであ
れば、最初の仕事は組織全体のデータ活用状況の把握、それらを評価す
るための部署行脚（各部署へのインタビューや対話）をおすすめします。
　次のような理由から、この取り組みが重要になってきます。

- プロジェクトメンバーの共通認識や共通の前提がない状態では、戦
略策定・材料がない状態になってしまう
- 各部署のデータ活用状況や現時点の知見レベルは、数名程度のサン
プルや自身の経験から思い込みをしていることが多い
- ある部署では価値があると思われていないが、他の部署では大きな
価値があると思っているデータは結構ある

　事業規模や対象スコープにもよりますが、2〜3ヶ月程度かけて部署が
保有しているデータそのものや技術的な側面、ビジネス的側面の両方を

第 1 章　プロジェクト開始

把握します。把握すべき点は次のようなものです。

- データアーキテクチャ（データの取得から保存、加工、どのように使われるかまでのデータの流れ全体のこと）
- データ管理体制
- ツール類の活用状況
- 現時点のユースケース（分析・可視化テーマ）
- データに対する関心度

言葉・文章になっていない情報を意識的に入手する

　社内で現場ユーザーヒアリングをしても、データ領域に詳しくない現場ユーザーからは的確な意見が出ない、というのは想像に難くないでしょう。異なる部署の人から突然「データ分析でやりたいことはなんですか？」と聞かれてもわからないのは当然です。このヒアリング段階で開発が頓挫してしまった、という企業は非常に多いです。

　事業部の現場では、業務遂行自体が無意識下になっているものも多く、そもそも予測していること、意思決定していることの意識すらない場合もあります。無意識下の行動の言語化は非常に難しいものです。

　そこで、こういったやり方があります。実際に、事業部を行脚し、どのように仕事をしているか、近くで見学したり、業務フロー図が作成された背景・理解を徹底することです。

　ヒアリングは、言葉通り"聞くだけ"と思われがちですが、実際には様々な準備や問いかけ・ファシリテーションが必要です。特に新たな取り組みは最初が肝心であることから、この部分はプロフェッショナル・専門家に任せるのが無難です。**最初に無駄な時間を費やすと、その後、他部署の人にプロジェクトへの協力を依頼しにくくなるためです。**

1 - 10

Q 専門家に支援を依頼したいのですが、自分たちがなにもできていないことが恥ずかしくて言えません。

A 自分のニーズに合った英会話スクールのコースを選ぶように、自社のニーズに合ったコンサルティングや支援のコースを選べば、どんな状況のお客様でも問題ないと思います。重要なのは、自社の状況に合ったコンサルティング会社を選ぶことです。

自社の状況を把握し、自社に合った支援先を選ぶことが大切

DX関連領域では、華々しくイベントやカンファレンスが開かれ、競合他社が使っているものが羨ましくなりがちです。他社が進んでいて羨ましい気持ちになったり、そのような情報に触れ、自社が遅れている実感を持つ方は多いです。しかし、他社の事例を自社でそのまま表面的に真似してもなんの意味もありません。

他社が行っていることを真似するよりも、自社に必要なものやあり方を丁寧に考え、自社のニーズに合っているコンサルティングや支援を選ぶことの方がはるかに重要です。

はやる気持ちを自制し、丁寧に自社ニーズを整理することが先決です。

そうは言っても、自社に合ったものをどうやって選べばいいのか？という疑問はあると思います。そのような方のために、選び方の参考とな

る視点を紹介します。

■経験と専門性

データ領域の分野は広く、デジタルマーケティング、データマネジメント、データエンジニアリング、分析特化型、データガバナンス、機械学習専門、など様々な切り口で様々なサービスを提供しています。あなたが抱える課題に適した経験と専門性を持った会社を選ぶことが重要です。

■実績

商談ができる場合には、類似事例や実績を教えてもらい、課題解決のアプローチが信頼できるかを確認しましょう。

実績の事前リサーチは口コミ、ソーシャルメディア、紹介会社、ネット検索など様々ありますが、もっとも信頼できるのは口コミです。ただし、過去の発注経験者が近くにいる場合があります。ネット検索はSEO対策やリスティングを積極的に行っている会社が良い会社とも限らず、情報の信頼性としては難しいところです。

■データ保護とセキュリティ

クライアントのデータや情報に対し、一定の認証を受けているかを確認しましょう。ISMSやプライバシーマーク（Pマーク）などがあります。依頼したい案件の遂行に十分なものがあるかを確認しておくとよいでしょう。

1-11

Q PoCプロジェクトやMVP構築で失敗を防ぐコツはありますか？

 目標、スケジュール、予算をできる限り精緻化しておくことです。そして、過程の中で、スコープを場当たり的に広げないようプロジェクトを管理していくことです。

MVPやPoCを始める際に最低限準備すべき要素

　MVPやPoCをコンサルティング会社や外部の専門家に任せる場合、最低限次のようなことを伝えられるようにしておくとよいです。逆に、これらが伝えられないと、外注先に出す場合、先方からの提案の幅が無限になってしまい良い提案がもらえる可能性も低くなりますので、ある程度所与となるものを社内で作ってしまいましょう。

- MVPのイメージ像や全体像がわかるもの（最終目標、ゴールイメージ）
- スケジュール（どのようなスケジュールでどのようなものを達成したいかが理解できるもの）
- 使用したいツール、システム、ソリューション（あれば）
- 予算

MVP構築にあたっては、かけられる費用で柔軟性や拡張性も高まるので、会社規模や状況に合わせてできる限りコンパクトにスタートする、というのが王道です。

　また、コストに関しては、ツールやシステムにかかる費用よりも、人的コストの方が大きくなります。社内でプロジェクトを進めるなら内部コストを、外部の専門家に任せるなら委託費用を見積もります。

MVPやPoCでは、「作り込まない」ことを意識することが成功の鍵

　プロジェクトを進めていくと、どうしても欲が出て、作り込んでいきたくなる気持ちになる人は多いです。しかし、データ分析や可視化の領域では、**スモールデータを使って一度だけ見えるようにすることと、それを継続的に運用することには、難易度に大きな差があります。**

　スモールデータを用いた可視化を、システム化や仕組み化して継続的に運用していくためには、次のようなことを議論・検討する必要があります。

- データ分析・可視化を実現させるための基盤構築
- インシデント対応やデータの正確性担保のためのモニタリング
- 正しくデータ抽出されているかの機能の精査
- セキュリティリスクの洗い出しと対応策の検討

　これらは短期間で実装できるものではありません。つまり、MVP構築のためのPoCは、価値を確認するにとどめることがおすすめです。PoCでMVPを構築し、機能の価値を確かめるという本来の目的から外れたところにリソースを投入することになってしまうからです。

価値のあるデータ分析・可視化のためのPoC

　PoCはデータ分析・可視化のための試作なので、その過程において、次のようなポイントを発見事項としてまとめていきます。これらのポイントはPoC後の本開発に入るときの重要な情報になります。

- 課題設定の確からしさ（課題の質）
- 分析手法、可視化手法の適切性
- 既存データで行えること／新たにデータを取得すればできること、その取得費用
- 自動化・仕組み化するためのデータ分析基盤の設計と構築するための予算の見積もり

Q ITシステム開発とデータ分析 プロジェクトは何が違うんですか？

A ITシステム開発プロジェクトとデータ分析プロジェクトは、目的やアプローチ、実施方法など複数の異なる要素があります。データ分析プロジェクトは、ビジネスに役立つ洞察を得ることが主な目的です。

目的とアプローチの違い

ITシステム開発プロジェクトは、特定のソフトウェアやアプリケーションを開発・導入することを目的としています。一方、データ分析プロジェクトは、データから洞察を得たり、パターンを発見したりすることを目的としています。データ分析プロジェクトでは、データの収集、前処理、分析手法の選択、結果の可視化などが重要なステップとなります。

プロジェクトの実施方法の違い

ITシステム開発プロジェクトは、一般的に要件定義、設計、実装、テスト、展開などのフェーズを順序立てて実施します（ウォーターフォールと呼ばれる手法でプロジェクトを遂行することが多いです）。

一方、データ分析プロジェクトでは、データの収集、前処理、分析、

解釈、報告などのステップを反復的に実施することがあります。データ分析プロジェクトは、探索的なアプローチやイテレーション（反復）を経て、データから価値を引き出すことを重視します。アジャイル（スクラム）という手法が向いています。

スキルセットの違い

ITシステム開発プロジェクトでは、プログラミング、システム設計、データベース管理などの技術的なスキルが重要です。一方、データ分析プロジェクトでは、統計分析、機械学習、データマイニング、データ可視化などのデータ分析に関連するスキルが必要です。データ分析プロジェクトでは、データの理解や解釈が重要な要素となります。

成果物と成果の違い

ITシステム開発プロジェクトの主な成果物は、開発されたソフトウェアやシステム自体です。一方、データ分析プロジェクトの主な成果物は、分析結果や洞察です。

Q データ分析を外部に依頼したい 場合、どのような契約になりますか？

A 稼働量をベースとする準委任契約が前提となることが ほとんどです。

データ分析領域においては、請負契約ではなく準委任契約が前提となることが多いです。納品物の定義が難しく、データの状態によって前処理・前工程が発生したりと、プロジェクトは日々目まぐるしく変わるためです[※]。

また、データ分析プロジェクトは多種多様なスキルを持ったメンバーがチームで動くことを前提としています。

例えば、Aさんは分析手法の実装、Bさんはデータ分析基盤の設計・実装、Cさんはプロジェクトマネジャー、DさんはBIツール（ビジネスインテリジェンスツール。データ分析・可視化ツールの一つ）での可視化などという形です。行いたいことに対し、これらのメンバーのリソースが見積もられ、概算費用が算出されます。

また、契約においては、特に以下のような項目がポイントとなります。

■ 契約範囲と目的

データ分析の対象となるデータや問題領域、分析の目的、予想される

※ データ分析プロジェクトの契約に関しては、次の書籍も参考になります。梅本大祐著『アジャイル開発の法務 スクラムでの進め方・外部委託・偽装請負防止・IPAモデル契約とカスタマイズ』日本加除出版、2022年

成果物などを具体的に記載します。

■ 期間と納期

　プロジェクトの開始日と終了日、および各タスクの納期を明確に定めます。納期には、成果物の提出時点や報告のスケジュールなども含めることがあります。

■ 費用と支払条件

　費用と支払い条件について合意します。固定料金、時間単価、成果報酬などの料金モデルが考えられます。また、支払いのタイミングや方法についても取り決めます。

■ 機密保持とデータセキュリティ

　契約において、依頼元のデータの機密保持が必要です。データの取り扱いやセキュリティ対策、情報漏洩の防止策などを定めます。

■ 成果物と所有権

　プロジェクトの成果物（レポート、分析結果、モデルなど）の所有権について合意します。特許権や著作権の扱い、成果物の利用範囲などを明確にします。

■ 協力体制と連絡方法

　依頼元とデータ分析を担当する企業との協力体制や連絡方法を確定します。例えば、進捗報告やミーティングの頻度、担当者の連絡先などを取り決めます。

■契約解除条件と追加要件

　契約の解除条件や追加要件についても明記します。プロジェクトの中途での解除、変更要求の対応などについて合意します。

1-14

外部に依頼する場合、
費用はどれくらいかかりますか?

初期のプロジェクトでは数百万円程度をみておくとよいでしょう。

外注費用と内包するリスクのトレードオフ

外注費用は、高額な順に大手コンサルティング会社/大手システム開発会社、スタートアップ系データ分析企業、フリーランスとなり、リスクの低い順も同様です。

■人月単価

データ分析プロジェクトは達成したい目標やゴールに対し、**人月**単位でおおよその期間や費用を見積もることが多いです。

データ領域と一言で言っても、分析系、データマネジメント系、基盤系など領域は様々あり専門性も異なるのですが、大まかな1人月あたりの費用感は次のようなイメージです。

ジュニアスタッフであれば、フリーランス50万～100万円、スタートアップ系データ分析企業100万～150万円、大手コンサルティング会社/大手システム開発会社で150万～220万円あたりです。シニアスタッフやマネジャー以上になるとさらに高くなり、何らかの特別な技術を要す

る場合にも高額になります。

　社内にプロジェクトマネジメントをする方やディレクションをされる方がいない場合は、大手〜スタートアップ系データ分析企業がおすすめです。マネジメントさえしっかりすれば、大きく失敗することは少ないです。

　言い換えれば、社内に知識や経験のある方がいる、すでにかなりデータ活用が進んでいる、依頼したいことが部分的で明確、といった場合には、フリーランスを使うと費用面ではコンパクトになります。フリーランスの方の管理や指示ができる方が社内にいればうまく進みますが、個人的な都合で停止するリスクは大きいです。

　まずは予算を決めてRFP（提案依頼書：2-4参照）を作成し、体制やスケジュールを含め提案をもらいましょう。

■ プロジェクト費用に影響する要素

　データ分析を外注する場合の費用は、プロジェクトの規模や複雑度、専門性、経験などによって大きく異なります。一般的には、次のような要素が最終的なプロジェクト費用に影響を与えます。

1. **データの種類と量**：分析するデータの種類や量によって、分析に必要な技術や時間が異なるため、費用に影響を与えます。
2. **プロジェクトの目的**：ビジネスの課題解決、市場調査、顧客分析など、分析の目的によって、必要な技術や時間が異なるため、費用に影響を与えます。
3. **プロジェクトの複雑度**：分析やプロジェクトの複雑度によって、必要な専門性や時間が異なるため、費用に影響を与えます。
4. **プロジェクトの期間**：期間が長くなれば、分析にかかる時間や必要なリソースが増えるため、費用に影響を与えます。

5. **プロジェクトの規模**：分析対象のデータの数や分析する課題の数によって、必要なリソースや時間が増えるため、費用に影響を与えます。

■ **作業内容ごとの概算**

　下の表で、作業内容ごとの概算も紹介します。ただし、この表はあくまでも一般的な目安であり、プロジェクトによっては、さらに費用が高額になる場合もあります。実際の費用を知るためには、見積もりを依頼する必要があります。また、複数の会社から見積もりを取得し、比較検討することが重要です。

マイナスをゼロにする投資なのか、ゼロをプラスにする投資なのか

　データ活用において"お金がかかる"という場合には、お金がかかるものの性質をしっかり見極める必要があります。その上で、適切な投資金額の判断をしていくとよいでしょう。

　組織に現代的なシステムが導入され、運用されていれば、「新たな価値を生み出すこと」「ゼロをプラスにする投資」（例えば、ビジネスに直結す

作業内容	概算
データの前処理、単純な可視化、要約統計量の算出などの基本的な分析	数万〜数十万円程度
機械学習や深層学習を用いた分析	数百万〜数千万円程度
大量の複雑なデータを分析、データ分析基盤を構築	数百万〜数千万円程度
データマネジメント、データガバナンスプロジェクト	数千万円〜数億円程度

る新たな分析をしたい、これがデータでわかるとさらに良さそう、など）だけに焦点を当てて投資のROIを考えられます。

　しかし、国内のDXにおける投資金額の割合の多くは、ゼロからプラスにする作業というよりも、マイナスをゼロにする作業にかなりのコストがかかると言われており、実際に、私の経験上も多い印象を持っています。理由としては、ITシステムを理解する人材の育成やITシステムのリファクタリングを行ってこなかったツケが回ってきていることが多く、ITシステムの改修に極めてコストがかかる状態だからです。

　経済産業省が発表した「2025年の崖」（企業がDXを進めずレガシーシステムを放置した場合に、大きな経済損失が起こる）に直面しているシステム・データベースを抱える企業はとても多いです。

　この場合においては、発展的な分析以前の問題で、前述のツケが原因で何をやるにも多大な金額が必要になることが多いです。

　しかし、現状のシステムがレガシーすぎたりメンテナンスを怠けている場合においては、これを行わなければ次のステップに進めないことが多いです。システムの改修を行わないままいきなりデータ分析をし始めても、そもそものデータ構造に問題があったり、システム上の分析プログラムの効率が悪かったりして、分析がどこかで止まってしまいます。

　こういったことから、デジタル投資を怠ってきたレガシー企業が、デジタルネイティブな会社に変化していくにあたり、「お金がない」と言っていられない状態である可能性もあります。まず、ざっくりでも、データ活用の目的やビジョンと併せて、第三者にデータの量や質、技術的環境などを評価してもらうのがよいでしょう。

経営層のコミットメントを
どう作るか

　本文中で、**経営層のコミットメントやプロジェクト関与はデータ活用をスムーズに進める上で必須**だと述べました。

　繰り返しになりますが、経営層・トップマネジメントの推進力がないと、プロジェクトが途中で頓挫してしまう可能性が高くなります。

　ここでは、経営層のコミットメント作りのきっかけとなった事例を紹介します。

■ 1. 金融業界の事例

　誤集計やデータの間違いなどが特に許されない業界です。データマネジメントの重要性を、**トラブルが起きた際の損失額シミュレーション**や国内・海外競合他社のデータ活用状況とともに共有し続けました。

　また、**データの生成元から出口までの流れがブラックボックス化**していて、社内でデータがサイロ化（散在）していました。それらを解決する施策を提案し、プロジェクトをスタートできました。具体的には、データ統合、データガバナンスの確立、データカタログの導入、チーム間のコラボレーションとデータシェアリング、データ文化の構築を提案しました。

■ 2. 不動産業界

　現在あるデータでできること・できないことの切り分けや、**現在データはないが取得すればできること**などの範囲を整理・提案しました。仮

説をもとに**投資対効果をシミュレーション**し、経営層が許容できる範囲での小さな規模でプロジェクトをスタートすることができました。

組織・チーム・人

「ITっぽいからシステムに
強い理系の人を」は間違い

ここでは、データ分析プロジェクトのチーム組成
やチームの考え方、チームでの進め方に関する質
問や課題に回答します。

2-1

データ/デジタル領域の 専門部署は作るべきですか？

SoE（System of Engagement）を推進する専門部署を設置するのがおすすめです。ぜひ作った方がよいです。

旧来の情報システム部門とは領域が異なることが多い

「データだからITっぽい」ということで、データ活用の機能や業務を情報システム部門に任せればよいと考えてしまうケースがあります。しかし、旧来型の情報システム部門の仕事と、データにまつわる仕事は、ビジョンや必要なスキルが明確に異なるため、注意が必要です。

■ 情報システム部門とデータ領域に求められるスキルの違い

	情報システム部門	データ領域
テクニカルスキル	● 伝統的な情報システム部門では、システム開発やネットワーク管理などのテクニカルスキルが重視される ● プログラミング言語、データベース管理、ネットワーク設定などが一般的なスキル	● データの収集、クリーニング、可視化、統計解析、機械学習、データマイニングなどのスキルが必要 ● プログラミング言語（PythonやRなど）、統計学、データ可視化ツールの使用、機械学習アルゴリズムの理解などが重要

ビジネス理解とドメイン知識	● ビジネスプロセスや業務の自動化に関する知識が求められるが、業務ドメインについての深い理解は必ずしも求められない	● データ分析では、ビジネス理解と業界知識が重要 ● データを適切に解釈し、ビジネスの課題や機会を特定するために、データをその業界や組織のコンテキストにおいて理解する必要がある
問題解決能力と分析思考	● システムの運用や保守が中心で、問題解決においては主にテクニカルなスキルやトラブルシューティングの能力が求められる	● データ分析では、問題解決能力と分析思考が重要 ● データから有益な情報や洞察を引き出し、意思決定に役立てるために、問題の分解、ハイレベルな仮説の構築、データドリブンなアプローチの適用などが求められる
コミュニケーションスキル	● 技術的な課題を非専門家にも理解しやすく説明する能力が重要	● データの洞察を他のチームやステークホルダーに効果的に伝えるためのコミュニケーションスキルが必要。ビジュアル化やストーリーテリング能力を活用し、データの意味を明確に伝えることが求められる

※これらは一般的な違いであり、組織や業界によって異なる場合があります

　情報システム部門は、多くの場合、SoR（System of Records、情報を蓄積する）を主軸に考えることが多く、一方、データ活用はSoE（System of Engagement、つながりを強化する）を主軸に考える必要があります。そのため、課題の質や、それらの解決方法も大きく異なり、扱う製品や発想、仕事内容が異なります。

　それぞれの部門の具体的な違いについてまとめたものが次の表です。

　もちろん企業内での組織の作り方や役割の濃淡はありますし、この表はあくまでも一例です。情報システム部門の中にデータの専門家やデータマネジメント部などを新設してうまくいっている会社ももちろんあります。

　しかし、その役割の複雑さと必要なスキルセットはコーポレート領域で求められるものとは違いがあります。というわけで、SoE側のテーマを支えるデータ／デジタルの専門組織・部署を設置することがおすすめです。

	情報システム部（守りのIT/SoR）	データ領域の専門部署（攻めのIT/SoE）
目的	● 既存業務のIT化 ● プロセスの合理化	● デジタルを前提とした新規事業・サービスの創出 ● 答えのない世界を考える
対象領域	● システム運用保守 ● セキュリティ ● 社内インフラ整備	● データマネジメント ● データ分析組織強化 ● 分析・可視化
業務例	● 脱ハンコ ● キッティング ● 社内IT問い合わせ対応	● データ戦略策定 ● BI導入 ● ビッグデータ分析

草の根的活動が重要。だからこそ旗振り役が必要

　データ/デジタルの専門部署が担う仕事は企業によって異なるものです。しかし、データ活用を浸透させ、データを「使わせる」ための草の根的で、地道な活動をデータ/デジタル部隊に担当させられるのであれば、データ活用は加速度的に進みます。

　また、データ活用はツールやハードウェアなど"目に見えるもの"を買って終わりではなく、組織文化の醸成こそが中核であり、それには専門部署が必要です。

　草の根的活動とは、メンバーの知見共有・コミュニティ醸成などで、次のようなものが一例です。

- 社内データ活用/任意のツール類専門ポータルページの設置
- 各ツールやライセンスに関するユーザーディレクトリ（ユーザー情報を格納する場所）の管理
- FAQ作成
- データ分析に関する習熟度を上げるための学習プランを共有
- データにまつわる社内イベントや勉強会の企画、告知

疑問や意見を共有できるような環境（オフライン・オンライン両方）を作ることで、人は自然と自律的にコミュニティで学べるようになります。また、コミュニティが成熟していくと、自分自身のスキルを伸ばすだけでなく、人に教えたり、自発的に共有するようになっていきます。

　技術的なサポートや問い合わせを受けるサポートセンターのような機能は多くの会社ですでにあることと思います。しかし、強いデータ分析組織を作り、データ活用度をさらに上げていこうと考えているならば、問い合わせに対して受動的に対応するだけでなく、問い合わせがない状態でも能動的にゴール達成に向けた動きをすることが大切です。

　なぜなら、データ活用を盛り上げたり強固なデータドリブン文化を作ることは、現在ない世界観を作り上げることであり、それは既存の問題に受け身で対応するだけでは実現不可能だからです。

　こういった仕事は、華々しくわかりやすい成果が見えづらい仕事です。**しかし、継続しないとデータ活用自体が知らぬ間にフェードアウトしたり、組織全体でデータを使うという意識自体も薄くなったりします。**

　データ分析は実際、「使わせる」というフェーズに入らないと、その価値を発揮しません。ですので、データで課題を「解く」以外の「使わせる」フェーズまで見据えて、専門部署を作った方がよいでしょう。

2-2

Q データ/デジタル領域の機能や 部署は、どう作るべきですか？

A データ/デジタル専門部署の設置方法は3通りあり、組織の規模や目的によって最終形態は異なります。初期フェーズでは、タスクフォース型の設置がおすすめです。

データ/デジタル専門部署の3アプローチ

　データ/デジタル領域の専門部署の担う役割は様々です。これらを設置する場合、横串的機能を持たせることが重要です。横串的機能は、部署・組織としては、CoE（Center of Excellence、センターオブエクセレンス）などと呼ばれます。

　役割やタスクは企業によって異なりますが、CoEの主な役目としては、次のようなものがあります。役割やタスクは、企業によって異なります。

■**CoEのビジョン、ミッション例**

- データ活用のスピード・アジリティ（機敏性）を上げる
- データ分析の標準化を図る
- 事業ノウハウとデータや技術ノウハウを結集させる
- 組織のデータマネジメントを定義・整備する

- 社内のデータに関するコラボレーション、コミュニケーション量を上げる
- データに関する投資を最大化する

　データ/デジタル領域の部署に、いわゆるコーポレートITのようなサポート的機能ではなく、このCoE的機能を持たせる場合、配置の仕方は主に3つのパターンがあります。

- 分権型
- 中央集権型
- 分権と中央集権のハイブリッド型

　データ活用・DXは継続的で地道なサポート活動がものを言います。ツールやハードウェアなど"目に見えるもの"を買って終わりではなく組織文化の醸成こそが中核だからです。そしてそれらは片手間で行うと、知らない間に取り組みがなくなっていたりします。……というわけで、CoEを設置する場合でも、明確な役割や権限の設定が重要です。

─　**分権型**

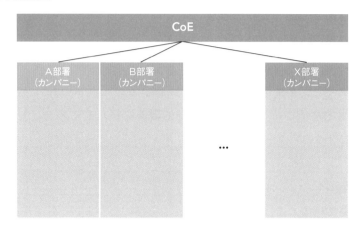

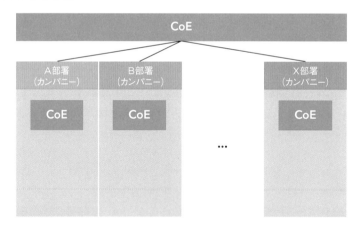

初期フェーズではまずタスクフォース型がおすすめ

　CoEの構造的配置について述べてきましたが、実際にCoEを社内で
どのように組成するのか？という問題が出てきます。

　特にデータ活用の初期フェーズであれば、フルタイムでコミットでき

― CoE機能配置パターンごとのメリット・デメリット

	メリット	デメリット
分権型	● 各部署やカンパニーのニーズに対して個別最適化した対応を可能にする ● アジリティが高く、スピーディに対応可能な体制が作りやすい	● 高い能力のある人材だけがデータを活用できている状態になる可能性がある ● 上記により、属人的な開発や分析、可視化、実装の引き金になる ● 社内の全社的なコミュニティや推進活動の継続の難易度が上がる ● ノウハウが分散される
中央集権型	● 社内ノウハウの共有および全社的な最適化が図りやすい ● 教育・育成、社内マーケティングの促進がしやすい	● アジリティは分権型よりも低くなる ● タスクが多くなり、リソース準備に苦労することが多い
分権型と中央集権型のハイブリッド型	● 分権型と中央集権型の良いとこどりのスキームができる可能性がある	● 役割やミッションが曖昧になりがち ● どのタスクをどちらが持つかなどの議論になりがち

る方を数名配置し、本業を持ちながら横串的活動を行うパッションのある方を募るような、いわゆるタスクフォース型で立ち上げるのがおすすめです。

　タスクフォース型では本業の実務的な課題を見据えながら会社の横串的活動を行うことができます。本業を持っているメンバーに具体的な課題がすでにあるので、話が具体的に早く進みやすいというメリットがあります。

　注意点としては、本業とのかけもちになるため、どうしても片手間感が出てしまいます。責任・権限の所在が曖昧になってしまうため、コミットメントが薄くなってしまうリスクを含みます。

　ベースとして、フルタイムの専任を数名配置することを前提として、各事業からタスクフォース的に配置するという形がおすすめです（組織内では「兼務」の形をとることが多いです）。

　また、CoEは、データのどのテーマをCoE化するかも、企業や状況によって異なります。次に、データ領域のCoEを設置している具体的な例を示します。

第2章　組織・チーム・人

85

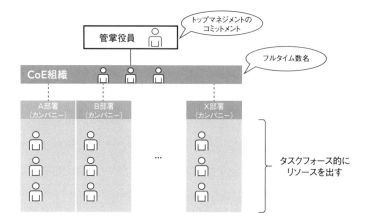

データアナリティクスCoE

　組織内にデータアナリティクスCoEを設置する場合、データ分析や予測モデリング、データマイニングなどの専門的なデータアナリティクススキルを持つメンバーが集まります。データアナリティクスのベストプラクティスを策定し、組織全体でのデータ分析の能力を向上させます。また、データアナリティクスのツールやプラットフォームの選定や導入、分析プロジェクトのサポートなども担当します。

データガバナンスCoE

　データガバナンスCoEでは、データ品質管理、データセキュリティ、データプライバシーなどのガバナンスに関する専門知識を持つメンバーが集まります。データマネジメントの一つの要素でもあるので、この場合、DMO（データマネジメントオフィス）と呼ばれることもあります。

　データガバナンスのフレームワークやポリシーの策定、データ品質の

モニタリングや改善、データセキュリティ対策の実施などを担当します。組織内のデータガバナンスの一貫性と適合性を確保し、法的要件や規制に準拠するための活動を行います。

データプラットフォームCoE

データプラットフォームCoEでは、データストア、データウェアハウス、ビッグデータプラットフォームなどのデータ関連の技術的な専門知識を持つメンバーが集まります。組織内のデータプラットフォームの選定や導入、データの収集や統合、データの可視化などを担当します。また、データプラットフォームの最適化や運用の改善、データインフラストラクチャの管理なども行います。

データトレーニングとコンサルティングCoE

データトレーニングとコンサルティングCoEでは、データ関連のトレーニングやコンサルティングを提供するメンバーが集まります。データ分析技術やツールのトレーニング、データ活用のためのベストプラクティスの共有、データプロジェクトのコンサルティングなどを担当します。組織内のメンバーのデータリテラシーを向上させ、データ活用の能力を育成します。

Q データ活用のプロジェクトに成功して
いる会社は、どのように外部リソースや
外部専門家を使っていますか?

A データ活用をうまく行っている会社は、外部に委託す
る業務を丁寧に見極め、外部リソースをうまく活用し
ています。プロジェクトの初期段階は、プロジェクト
継続の成否を大きく左右するため、内部に知見が少な
い場合は、外部の専門家をうまく使うのが圧倒的に効
率が良いです。

自社にしかできないコア業務に集中し、効率化を
加速させるために外部リソースを使う

　直近の人手不足を解消し、事業部門への価値提供をゴールとするな
ら、圧倒的に効率が良いのは外部の人材をうまく使うやり方です。ノウ
ハウもない状態で突然内製化をしようと無理をしても、結果的に時間と
お金がかかることの方が多いです。

　大阪ガスでデータ活用を成功に導いた滋賀大学教授の河本薫氏も、人
手不足を外部委託で穴埋めしていたそうです。

- 自前でやるより、外部に頼んだ方が効率的にできる仕事
- 自前でやる方が効率的だが、外部に任せやすい仕事

このような仕事を外部へふることで、目標やプロセスを明確にできる

仕事に関して、事業部門から予算をもらうことに成功したそうです。また、河本氏は次のようにも述べています。

"外部委託を始めた当初は、その場しのぎに利用していたというのが本音です。しかし次第に、意図的に外部委託するように変わっていきました。外部の戦力をできる限り使うことで、分析組織全体のマンパワーにレバレッジを利かそうと考えたからです。今では外部委託できる仕事を私たち自身でやることはムダと考えるようにさえなりました"

"限られた人数の分析組織で、事業部門に最大限の成果を提供するには、委託できるものは可能な限り外部に任せ、自らの時間は私たちでなければできない仕事に投入する。この考えはもはや、私たちの行動規範を超えて、メンバー共通の価値観になっています。その結果、私たちが自分で全てをこなす場合に比べて、2〜3倍の仕事量をこなせるようになりました"※

外部に委託する業務を丁寧に見極め、うまく活用するという采配は非常にうまいやり方だと感じます。

初期段階で専門家とよい成功事例を作ることで、予算どりをしやすくする

データ戦略策定のプロジェクトであれ、BIツールのプロジェクトであれ、基盤構築であれ、初期の段階であまりに「外部に任せると自社でできなくなってしまう」というようなことを心配しすぎると、結果的に取り返しのつかない大きな損失につながるケースがあります。

行いたい目的に対して、知識や経験、習熟度が十分あれば問題ないのですが、社内の知見が十分でない場合、「データを使ってもこんなものしかできないのか」と上層部などからレッテルを貼られたり、「これなら今やっているものと同じだ、現在と何が違うのか」と言われることも

※ 河本薫著『最強のデータ分析組織：なぜ大阪ガスは成功したのか』日経BP、2017年（135ページ）

あります。

　このように言う上層部側にも、もちろん問題はあります。ただ、スキルや知見がないとそのような質問にも説得力のある回答ができず、そこで終了になってしまうこともしばしばです。つまり、自社だけの力で進めてしまうと、「こんなものか」と思われてプロジェクトが終了になってしまうリスクが高くなります。

　特に初期段階は、よくも悪くも上層部に強い印象を植え付けてしまうものです。特に初期段階は高い技術や知識、経験を持った外部専門家と一緒にフルパワーで、時間とお金をかけて良いものを作るべきです。ここを突破できないと、将来の予算も取りにくくなってしまいます。

見過ごされがちな内部コストを意識しているか？

　これはデータ分析のプロジェクト以外でも当てはまることですが、内部コスト（社員の稼働量やそれに付随するコスト）は常に見過ごされがちです。特に立ち上がりの初期段階は、プロジェクトのゴールやスコープなどで、メンバーの共通認識が得られていなかったり、メンバーの知識的なバックグラウンドもバラバラだったりします。そういった環境下において、失敗事例を多く見てきた外部の専門家の知見は、プロジェクトの効率化や生産性向上に有益です。

　内部に知見が少ない場合、プロジェクトの下支えやファシリテーション、素早いアウトプット化を外部の専門家に支援してもらうことで、プロジェクトがスムーズに進みます。

　例えば、ツールの導入を検討する事例がわかりやすいかと思います。

　BIツールの導入検証プロジェクトを社内メンバーだけで始めたとして、「おっと、テキストボタンはどこだっけ……」「グラフの色はどうやって設定するんだ？」といった状態では、BIツールの導入検証どころ

ではありません。

　特に、スピーディに精度の高い解を探しに行くことが重要な場合は、立ち上がりの段階だけでも外部のプロフェッショナルのサポートを受けるのは賢い選択でしょう。

Q 外部人材や外部専門家は どのように選んだらよいですか？

A 適切な専門家を選定するには、RFP[※]を作成することが
おすすめです。RFP を作成するためには、解決すべき
課題を明確にする必要があります。課題を明確にした
うえで、その課題に対する実績や予算、社内体制に応
じた、適切な依頼先を選ぶことが重要です。

　データ分析に関する仕事は領域が多岐にわたります。外部人材や外部
専門家の外注先を選定する際、会社や人ごとに得意とする領域で選定す
ることがプロジェクト成功の鍵です。

　外注先の選定に失敗しないおすすめの方法は、「何を解決するかを専
門家らと見極める期間」を1～2ヶ月作り、その間に課題を見極めたあ
とにRFPを作成することです。RFP作成自体を外注するのもよいやり
方だと思います。

データ分析領域の幅の広さ

　一口にデータ分析といっても、業務範囲は多種多様です。そして、そ
れぞれに必要となるスキルレベル／スキルセットが異なります。例えば、
次のようなものがあります。

●特定のテーマに対するデータ分析（TVCMの効果検証、今シーズン1商品

※ RFP（提案依頼書）：「Request for Proposal」の略。

の受注予測など）

- データ分析基盤 /BI プラットフォーム設計・構築
- データ活用ユースケース策定
- データ可視化
- 社内教育
- データガバナンス
- データマネジメント戦略策定

　これらのテーマのうち、何を外注すべきかは、初期段階ではなかなか定まりにくいことが多いです。そのため、繰り返しになりますが、1〜2ヶ月程度の期間、専門家と一緒に議論・検討することで、どこから攻めていくかを考えてRFPに落とし込むための準備期間をとるのが手戻りが少なくおすすめです。

　データ分析領域を支援する企業は大きく3つに分けられます。

　外部専門家を選定する際に重要な判断軸は、社内の体制です。

　例えば、社内に知識や経験のあるカウンターパート（外注する企業に仕事を定義・指示したり管理する人）を置けないのに、予算がないからといって個

— データ分析領域を支援する企業の分類

	個人事業主/ フリーランス	ベンチャー系分析会社/ 独立系コンサルティング ファーム	大手Sler/ 大手コンサルティング ファーム
費用	安い	中	高い
小回り（アジリティ）	高い	中	低い
社内体制を整える 必要性	正しく仕事を割り振ることのできる社内人材が必要	プロジェクトマネジメントまで任せれば体制が整っていなくても問題ない	プロジェクトマネジメントまで任せれば体制が整っていなくても問題ない
総合的なリスク	高い	中	低い

人事業主やフリーランスに発注すると大変なことになります。アウトプットの管理や期待値調整などができずプロジェクト進行もままならなくなりますので、そのような場合は大手SIerや大手コンサルティングファームに依頼するのがおすすめです。

2 - 5

Q データを扱える人材がいません。
今いるメンバーを育成すべきですか？
外から新たに採用すべきですか？

A 育成と採用の両方をやるのがよいです。

第
2
章

組織・チーム・人

　今いるメンバーを育成しつつ、新たに採用し、外部の力を組み合わせていくのが王道です。

　そのためには、現在の自社のデータ領域全体を査定・評価することが必要と言えるでしょう。ここで言う「データ領域全体」とは、技術的成熟度、組織体制、データの品質やガバナンス、データ活用成熟度、ツール整備などの要素です。理想の姿になるために、何が足りていて、何が足りていないかを把握し、足りていない部分の戦略を立案します。

育成には相応の時間がかかる

　一般的に、今いるメンバーの「育成」には相応の時間がかかります。

　かといって、外部から新たに人材を採用しても、組織や事業を理解するのに時間がかかり、立ち上がりがスピーディにいく保証はありません。プロジェクトの初期フェーズであれば、外部の専門家を使うことで勢いをつけ、その後、体制が整ってきたら少しずつ外部の支援を減らしていき、徐々に社員でプロジェクトをまわせるよう内製化するというの

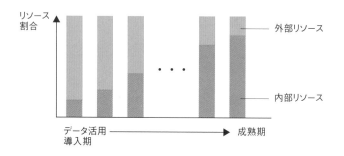

が一つの手です。

　また、新たに採用する場合、現組織の給与体系では、デジタルやデータに強い人材の採用ができないことも多いです。そういった背景を受け、デジタル人材に対して給与体系の見直しを行う企業も出てきました。

　現在の組織で柔軟な給与体系の構築ができない場合は、**別組織を作って別給与体系を作る**、という手もあります。この領域の人材を新たに採用する場合、問題になるのは給与体系であることが多いためです。

2-6

データの仕事は、どのように 進めればよいですか？

アジャイルが向いています。

　プロジェクトマネジメント的観点で、データの仕事の進め方はアジャイルの発想が適していると思われます。データ分析・可視化、広義のデータ活用は、何かを作って終わりではなく、改善点を継続的に反映していき、反復的な改善が前提となるのは不可避だからです。

アジャイルとは？

　データ活用プロジェクトで必須となるアジャイルについて、簡単に説明します。

　システム開発の手法として用いられるアジャイル開発の中に「スクラム」と呼ばれるものがあり、これはアジャイル開発のあらゆる手法の中でももっとも広く実践されているものです。「アジャイル」と呼ばれている多くの場合、スクラムを指していることがほとんどです。

　スクラムの手法は非常に簡潔で、実践しやすく理解しやすいため世界中で広く採用されています。

アジャイル (スクラム) とウォーターフォールの違い

第1章で紹介したMVPの図（50ページ参照）が、スクラムの本質を表しています。

これまで日本企業のシステム開発においては、ウォーターフォールでの開発が行われてきました。

しかし、顧客やユーザーの声、スピードが重視される昨今のデータ分析・可視化プロジェクトにおいては、反復的に改善をしていくことを前提とするスクラムがもっともフィットしていると考えます。

とりわけ現代は予測不能、混沌さ、複雑性の高い課題解決が多く、スクラムはそのような課題解決の方法論として適切と言えます。

スクラムは常に変化していくその手法がデータ活用プロジェクトとフィットしているため、私自身が携わるプロジェクトは、スクラムで進めているものが多いです。

— アジャイルとウォーターフォールの違い

アジャイル（スクラム）	ウォーターフォール
● 顧客と価値を重視した迅速な実装 ● 価値やエンドユーザーを重視 ● 反復的な改善が前提 ● スコープの変更が可能 ● 積極的に変更を受け入れる ● 改善点を継続的に反映していく	● （一般的には）長期間でのプロダクト実装 ● ビジネスや要件定義を重視 ● 直線的なフェーズの区分（プラン→テスト→デリバリーなど） ● 基本的に途中で変更はしない ● プロジェクト開始時に同意した仕様に忠実

― 経験的なアプローチの適用範囲イメージ（スクラムが適切な）状況

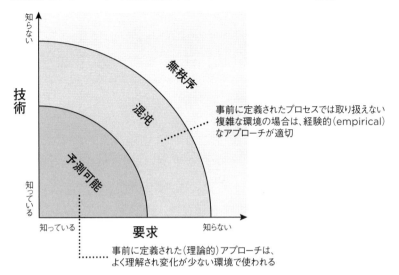

知らない

技術

知っている

無秩序

混沌

予測可能

事前に定義されたプロセスでは取り扱えない
複雑な環境の場合は、経験的（empirical）
なアプローチが適切

知っている　　要求　　知らない

事前に定義された（理論的）アプローチは、
よく理解され変化が少ない環境で使われる

出典：『スクラムリファレンスカード by Michael James and Luke Walter』より
https://scrumreferencecard.com/

Q データ活用やデータ分析
プロジェクトには、どのようなスキルを
持った人員を配置すべきですか?

A 「データ領域」と言ってもかなり幅広く、求められるスキルや知識は様々です。また、同じ「データ分析者」という言葉を使っても、企業の形態や文化によって、求められるものは異なるでしょう。

最低限のリテラシーレベルをまず確認

こういったスキルを持った人がいればよいと一概に言えないため、この質問への回答は非常に難しいのが正直なところです。強いて言えば、プロジェクトを推進するうえで、多種多様な背景を持った人をうまく組み合わせる力がある人がいることが肝要です。

また、一つの最低限のリテラシーレベルを分類する方法として、右ページの「リテラシーレベル」が参考になります。

この基準を組織全体の最低レベルの基準として活用している企業もあります。

実務で必要となるスキル要件

実際の現場では、次のようなスキルを合わせ持つメンバーでチームを組成するとうまくいきます。最初から全て完璧にそろうということはな

― リテラシーレベル モデルカリキュラムの構成

導入	**1. 社会におけるデータ・AI活用**	
	1-1. 社会で起きている変化	1-2. 社会で活用されているデータ
	1-3. データ・AIの活用領域	1-4. データ・AI利活用のための技術
	1-5. データ・AI利活用の現場	1-6. データ・AI利活用の最新動向

基礎	**2. データリテラシー**	
	2-1. データを読む	2-2. データを説明する
	2-3. データを扱う	

心得	**3. データ・AI利活用における留意事項**	
	3-1. データ・AIを扱う上での留意事項	3-2. データを守る上での留意事項

選択	**4. オプション**	
	4-1. 統計および数理基礎	4-2. アルゴリズム基礎
	4-3. データ構造とプログラミング基礎	4-4. 時系列データ解析
	4-5. テキスト解析	4-6. 画像解析
	4-7. データハンドリング	4-8. データ活用実践（教師あり学習）
	4-9. データ活用実践（教師なし学習）	

出典：数理・データサイエンス教育強化拠点コンソーシアム
『数理・データサイエンス・AI（リテラシーレベル）モデルカリキュラム ～ データ思考の涵養 ～』（7ページ）
http://www.mi.u-tokyo.ac.jp/consortium/pdf/model_literacy.pdf

いので、まずはデータ分析に関心のあるメンバーを集めるという姿勢も重要です。

- プロジェクトマネジメント
- 仮説設計、立案
- データ分析基盤
- 統計
- 可視化
- BI
- SQL
- 業務部門、ユーザー部門経験

スキルとともにパッションも重要な要素

　また、データ活用プロジェクトの推進だけで言えば、スキルセット以外の要素として、パッションを持っている人がメンバーにいることが重要だと感じます。データ活用は、どんな準備をしていても予想外なことが起こります。予想外なことが起きた時に、冷静かつ情熱を持って立ち向かえる人がいることが重要なのです。

データ活用・データ分析プロジェクトにおける登場人物の例

　必要なスキルセットは一概に言えませんが、この業界でよく言われる登場人物とその役割には次のようなものがあります。
　同じ役割名でも、会社によって行っている業務が異なることも多く、また、異なる役割名であっても業務が同じこともあります。
　わかりやすくするために、ここではおおまかな登場人物の例と、ざっくりと必要なスキルセットを整理しました。
　繰り返しになりますが、企業によってゆらぎがあります。企業によってビジョンが異なり、部署のミッション、メンバーや与えられる役割が異なります。あくまでも、参考としてください。

登場人物とスキルセット

一般的な役割名	主な業務・職務の一例	一般に必要な（期待される）スキルセット
CDO（Chief Data/Digital Officer：最高データ責任者）	● 全社的なデータに関する活動のガバナンス、管理 ● データに関する取り組み、プロジェクトにおける判断と決定 ● 全社におけるデータ領域への責任	● データマネジメント、データガバナンス、データ分析など幅広いデータ領域の知識と実務経験
データアーキテクト データエンジニア	● データレイク、データウェアハウス、データマートの全体設計や実装 ● API連携 ● データアーキテクチャに関する課題の洗い出し、管理、改善策の洗い出し	● データ活用基盤（データ分析基盤）に関する知識と実務経験 ● 業務内容に関する知見
データサイエンティスト データアナリスト	● 各種データ分析	● 統計的知識 ● BIによる可視化の経験 ● 各種データ分析ツールの知見 ● SQLの知識、経験
データスチュワード データコンサルタント エバンジェリスト	● データアーキテクト/データエンジニアと協力し、データガバナンス活動に取り組む ● ユースケースや業務課題の定義 ● 課題を解決するための必要なデータの設計や提示 ● 社内データ教育の実施	● 業務の知見 ● BIによる可視化の経験 ● 各種データ分析ツール、データ活用基盤（データ分析基盤）の知見 ● SQLの知識、経験

データ活用プロジェクトに適性のある人材の判断基準はありますか？

社員の出身学部を判断材料にするとよいです。また、関連する資格の有無を確認する方法もおすすめです。

大学の出身「学部」は意外に良い指標になる

データ分析では、経済学、統計学、情報学などに関連する学部を卒業した若手を集めるのが王道です。理由としては、「データの取り扱い」に対する一定レベルの訓練を受けているためです。もちろん、上記以外の学部出身者でも、大学の履修科目や自身の自助努力で十分に教育を受けているケースもあります。組織の中でデータ活用をこれから始めようという時、チーム内のメンバーに学部レベルでも基礎があると、意外と話が早く進むものです。

もちろん、出身学部だけがチーム組成の成功を決定づけるものではありません。しかし、データの部署やチームを初めて作るとき、コストがかからないシンプルな指標ですので、最初の材料の一つにして損はないでしょう。

資格も取っ掛かりには便利な指標

　また、資格を保持していることが重要というわけではないのですが、次のような資格を保持している人はデータ分析／データ活用チームにフィットする可能性が高いので、参考にしてください。

■IT

- 基本情報技術者試験（FE）
- 応用情報技術者試験（AP）
- 高度情報処理技術者試験

■統計・データ分析・BIツール

- 統計検定
- Python 3 エンジニア認定データ分析試験
- 各種BI認定資格（Tableau、Power BIなど）

■データ分析基盤

- データベーススペシャリスト認定試験
- オラクル認定資格
- AWS認定資格
- Google Cloud認定資格
- Microsoft Azure認定資格

文系ですが、データ領域の
仕事で活躍できますか?

A はい。活躍できます。文系/理系問わず、必須な能力
は「課題設定力」です。

文系/理系はデータ領域における活躍にほとんど
関係がない

　文系出身者がデータ領域で活躍することはもちろん可能です。前節で
は「学部」はデータの素養の良い指標になると述べましたが、それは文
系・理系の意味ではありません。一般に、「データ分析」は理系のイメ
ージがあるかもしれませんが、データ分析プロジェクトの仕事は幅が広
いため、文系学部出身者が得意とする領域も多いです。そして、何より
重要なのが課題設定力（論理的思考力）だからです。

　特に日本においては、「文系＝ITやテクノロジーに疎い」というニュ
アンスで使われることが多いため、このような質問をよく受けるのだと
思います。

　しかしながら、データ領域はそもそも文理融合領域であり、大学で学
ぶ機会がなかったとしても、社会人になってからの学びで活躍されてい
る人が非常に多い領域でもあります。

　そもそも、文系/理系の区分自体が非常に大雑把です。文系でも経済

学部であれば統計や計量経済学を使い、統計ソフト「R」を扱っている場合もありますし、理系でも学部によって統計学が一般教養でなく統計の基礎を学ばない学部もあったりします。

　つまり、興味とやる気さえあれば、どうにでもなるというのが個人的な所感です。ちなみにデータ領域専門のコンサルティングファームである当社のメンバーも、文系/理系はほぼ半々です。

文系/理系問わず必須なのが課題設定力

　データ領域における課題設定力とは、具体的にはこれらの能力を指します。

- 事業構造を見抜き、何の分析をすればビジネス価値があるかを見抜く力
- 混沌とした現実の問題に対し、真のペインポイント（悩みの種）を掘り下げられる力
- データで何ができるか、何を解決すればよいのかを特定でき、課題の高品質化を図れる力
- 自分の理解やデータからの解釈を相手に伝わるようにわかりやすく説明できる力
- 相手の話を聞いて、さらに核心をついた問いかけを切り出せる力

　もちろん、ツールやプロダクトに長けていることや数学的積み上げが重要になる局面もありますが、上記の能力が根底にあることが前提です。

一つの手段に固執してはいけない

　ある特定の分析手法が得意な分析者は、事業会社におけるデータ分析者としても、データコンサルティングの分析者/コンサルタントとしても、活躍できそうでいながら、なかなか活躍が難しいものです。これはデータ分析領域でよくある勘違いです。

　大学で長く研究していた手法がある場合、特定の手段にこだわりが強くある人も多いです。

　しかし、企業ではミッションや役割があり、その人の得意な手法で有益な業務を行えるかどうかは不明です。分析結果をもとに、業務改革を起こしたり、実際に有益なアクションを起こして初めて貢献できます。

　また、データコンサルティング会社の立場で言えば、その手法で解く課題や案件があるかどうかはわかりません。手段に固執してしまうと、データで解決できる問題を発見し、価値を提供するという大目的からはズレてしまうことも多いです。

　自分が得意な手法に固執せず、価値を出すことに焦点をあてて考え続けていくことが大切です。

2-10

Q チームの生産性をさらに高めるために、共通理解を深めるようなツールやコツはありますか？

A 目的に合わせた多種多様なツールやフレームワークがあります。データ分析プロジェクトの実務で使うことが多いものを以下に紹介します。ご自身の状況に適応させて使ってみてください。

インセプションデッキ

　インセプションデッキ（Inception Deck）は、アジャイル開発の初期段階で使用されるツールの一つです。プロジェクトの立ち上げ時に使用さ

— **インセプションデッキのテンプレート**

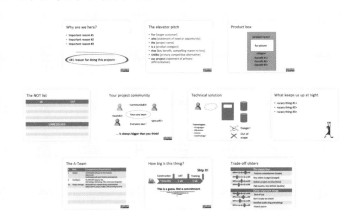

出典：Jonathan Rasmusson氏のブログポストより

れ、プロジェクトのビジョンや目標、スコープ、リスクなどの重要な要素を明確化するためのフレームワークで、プロジェクトの全体的な理解を促進し、チームメンバーやステークホルダー間でのコミュニケーションと合意形成を支援します。プロジェクトの初期段階で使用することで、プロジェクトの方向性を明確にし、成功に向けた共通の理解を醸成する役割を果たします。

インセプションデッキは通常、プロジェクトチーム全体が参加するワークショップ形式で行われます。以下に一般的なインセプションデッキの構成要素をいくつか示します。

■ビジョン

プロジェクトのビジョンや目標を明確化します。なぜこのプロジェクトが行われるのか、どのような価値を提供するのかを述べます。

■スコープ

プロジェクトの範囲を定義します。どの機能や機能が含まれ、どのような制約があるのかを明確にします。

■ステークホルダー

プロジェクトに関与する主要なステークホルダーを特定し、彼らの役割や期待を明確にします。

■リスク

プロジェクトのリスクや不確実性を特定し、それらに対処するための計画を立てます。

■ **チーム**

　プロジェクトに参加するメンバーの役割や責任を定義し、チームの構成や組織を明確化します。

■ **マイルストーン**

　プロジェクトの重要なマイルストーンや期限を設定します。これにより、プロジェクトの進捗状況を追跡し、目標に向かって進めるようになります。

Notion

　Notionはメモやタスク管理、ドキュメント管理、データベース、社内Wiki、プロジェクト管理など仕事で使う様々なツールを1つにまとめた「オールインワンワークスペース」と言われるアプリケーションです。

― **Notionのイメージ**

 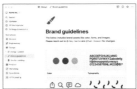 

出典：Notion社ホームページより
https://www.notion.so/ja-jp/product

Confluence

　Confluenceはナレッジやノウハウを一元管理できるナレッジマネジメントツールとして有用です。

— Confluenceのイメージ

Jira

Jiraはワークスペース・タスク管理ツールです。進捗管理を行う全てのプロジェクトで重宝します。

— Jiraのイメージ

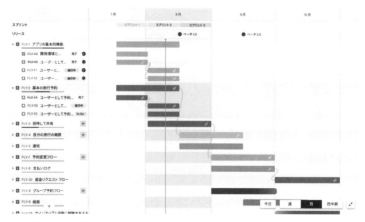

Miro

Miroはオンラインホワイトボードです。

インターフェースの自由度が高く、思考のスピードを妨げないのでおすすめです。

─ **Miroのイメージ**

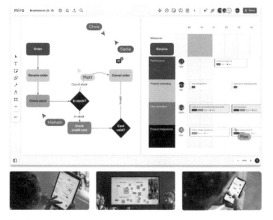

出典：miro社ホームページより
https://miro.com/ja/

ホワイトボードと付箋

昔ながらのものですが、個人的にはかなり好きなツールです。分析プロジェクトの際は、ホワイトボードに付箋を貼りながら、メンバー間で議論します。

ビジネスモデルキャンバス

KPI（重要業績評価指標）設定を試行錯誤したり、メンバー間で原点回帰するときにもおすすめです。

— ビジネスモデルキャンバス

パートナー [KP]	主要活動 [KA]	価値提案 [VP]	顧客との関係 [CR]	顧客セグメント [CS]
	リソース [KR]		チャネル [CH]	
コスト構造 [CS]		収益の流れ [RS]		

戦略マップ

戦略マップは、KPIと事業を同時に思考したり、つながりを可視化するのに便利です。

─ 戦略マップ

ファイナンス

顧客

業務プロセス

学習と成長

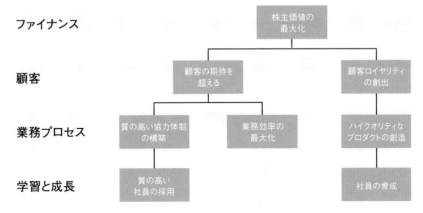

（図中に記載している文言は一例です）

2-11

Q 組織やメンバーのデータ活用を加速させるためのインセンティブ設計・能力開発の例としてはどのようなものがありますか？

A 評価制度と結びつける、社内資格制度を作るなど色々あります。手っ取り早く始められるものから導入してみるのがよいでしょう。

　データ活用やデータ分析スキルアップのためのインセンティブ設計として企業で導入されているものの例を紹介します。

- 自社でデータリテラシーを定義し、それを評価制度と結びつける
- 社内資格制度を作り、合格を昇進条件とする
- 役職によって、データ研修の外部プログラムの参加を可とする
- スキルに応じたバッジ制度を作る（ゴールド、シルバー、ブロンズなど）
- データ関連資格受験費用、学習費用の負担

Q CDOを設置すべきですか？どのような人がなるべきですか？

A 会社全体でのデータリテラシーがそもそも高い場合、CDOがいなくてもうまく回ることもあります。ただ、設置した方が何をやるにも説得力があったり、予算を取りやすくなるといったこともあります。

CDO（Chief Data/Digital Officer：最高データ責任者）ポジションの人材を見つけることは至難の業です。ただ単にITの知識がある人がなるものではなく、また、データサイエンティスト出身だからといって務まるというものでもありません。

実践的・実務的な観点と事業経営的観点どちらも必要です。

CDOは、組織におけるデータ戦略の策定やデータガバナンスの確立、データ活用の推進など、データに関連する戦略的な役割を担う重要なポジションです。組織や業界によって異なる場合がありますが、一般的なCDOの人材要件には次のような要素が含まれます。

■データ戦略の策定能力

CDOには、組織のビジョンや戦略に基づいてデータ戦略を策定し、ビジネス目標との統合を図る能力が求められます。ビジネスニーズを理解し、データを活用して競争力を高める戦略を構築できることが重要です。

■データガバナンスの専門知識

CDOは、データガバナンスのフレームワークを確立し、データの品質、セキュリティ、プライバシーの管理を担当します。データ管理やコンプライアンスの知識、規制や法的要件に関する理解が必要です。

■データ戦略の実行能力

CDOはデータ戦略の実行においてリーダーシップを発揮します。組織内外の関係者との連携や協力を促進し、データの収集、分析、活用のための適切なインフラストラクチャやツールの整備を行います。

■データ分析とテクノロジーの知識

CDOはデータの分析と活用に関する知識を持ち、データ分析手法やビッグデータテクノロジーの理解が求められます。データドリブンな意思決定や予測分析を支援する能力が必要です。

■コミュニケーションとリーダーシップスキル

CDOは組織内外のステークホルダーとのコミュニケーションを円滑に行い、ビジョンや戦略を共有し、データ活用の重要性を説明できる能力が求められます。また、チームや部門のリーダーシップスキルも重要です。

ある程度自社のデータ活用が進んできたり、デジタルチームが成熟しているならば、華々しい経歴の方を外部から突然CDOとして採用するよりは、自社組織からCDO候補者を抜擢した方がうまくいくケースが比較的多く見られます。

CDOの役割と責任

　前述の通り、CDOの設置が必要かどうかは、組織の状況によって異なります。そして、CDOに持たせる役割も企業によって様々です。CDOの役割と責任にどのようなものがあるかのポイントを示します。

■ データ戦略設計

　CDOの役割が戦略を描くことである場合、CDOはデータに関するビジョンを持ち、業務や事業の目標と統合した戦略を策定します。非常に複雑で難易度が高く、データに関する幅広い知見と経験が必要になります。

■ データマネジメント（データガバナンス）

　CDOがデータマネジメントの専門家、リーダーとしての役目を担うこともあります。具体的には、データ品質の向上やセキュリティ対策の設計・実施、法的・倫理的なコンプライアンスの確保を行います。

■ イノベーション

　データから新たな事業やビジネス価値を創出するためにCDOを設置することもあります。R&D的な活動を率いる際、CDOの存在は有益です。

■ 組織内のデータ文化の促進

　組織全体でデータに対する意識を高めたり、教育、データ活用のトレーニングプログラムの導入などを通じてデータ文化の醸成を行います。その旗振り役をCDOが担うこともあります。

日本のCIO・CDO設置状況

　やや古い調査ですが、総務省「ICTによるイノベーションと新たなエコノミー形成に関する調査研究」の調査では、次のようなことが示されています。

　企業向けアンケート結果から、諸外国と比較して日本企業のCIO（Chief Information Officer）・CDOの設置率は低くなっています。「わからない」の割合がCIO・CDO共に50％を上回っていることから、そもそも自社におけるCIO・CDOに係る取り組み状況の認知度が低いこともわかります。国内の状況を見ると、CIOの設置率が11.2％、CDOの設置率が5.0％です。

― **CIO・CDOの設置状況**（左図：CIO、右図：CDO）

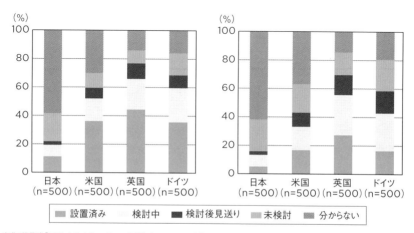

出典：総務省「ICTによるイノベーションと新たなエコノミー形成に関する調査研究」（平成30年）

第 **3** 章

データ収集・取得

"Garbage in, garbage out"
（ゴミからは、ゴミしかうまれない）

生産的な意思決定や解釈、データ分析の結果の
質を高めるために、データ収集・取得の質をでき
る限り高めることが重要になります。

3-1

Q 自社で集めているデータだけではなく、
自社にないデータを使うには
どのような方法がありますか？

A 方法は多種多様で、それぞれの目的とかけられる予算を考慮し使っていくとよいでしょう。また、ファーストパーティデータ、セカンド/サードパーティデータを組み合わせて使うことが、質の高い分析に必須です。

欲しいデータが入手できることは、当たり前のことではありません。

ビッグデータ、デジタル化の潮流で、全てがデータで解決できるというような錯覚に陥りがちですが、実際はそうではありません。取得しやすいデータが膨大に生成されている、ということは事実ですが、欲しいデータがあるかどうかとは別の話だったりします。

データを扱う上で、こういった話をよく耳にします。

- データ分析をしたいが、課題に合うデータがそもそも会社に存在しない
- 自社はデータ収集をする段階になったが、収集そのものの作業負荷が大きくなっている
- 課題解決に対し、自社のデータ以外に足りないデータは明確だが、公開されているもので手に入るか、売っているものなのかわからない

このような方のために、本章では、データ収集のアプローチや、自社

のデータだけではなく他のデータとの合わせ技の考え方・可能性を紹介します。

データ収集の方法の例

データ収集の方法は欲しいデータによって多種多様です。収集したいデータによってとるべき選択肢は様々ですが、ここでは主なデータ収集の方法を紹介します。

■ データがあるウェブサイトからファイルをダウンロードする

最も簡単な方法が、ウェブサイトからExcelやCSVなどのファイルをダウンロードする方法です。

プログラミングスキルがなくても扱いやすいファイル形式のデータをダウンロードすることができるウェブサイトがあります。

オープンデータとしては、以下も活用できるでしょう。

- 国土交通省のデータポータル（https://www.data.go.jp/）
  国土交通省が提供する様々なデータセットが公開されています。例えば、地理情報や交通データ、建築物データなどが含まれます。
- 総務省統計局のe-Stat（https://www.e-stat.go.jp/）
  総務省統計局が提供する統計データが閲覧・ダウンロードできます。人口統計、経済指標、労働統計など、様々な分野のデータが含まれます。
- 厚生労働省の健康・医療・福祉データ（https://www.mhlw.go.jp/stf/seisakunitsuite/bunya/0000134387.html）
  厚生労働省が提供する健康、医療、福祉に関するデータが公開されています。例えば、国民健康・栄養調査データや医療機関統計など

が含まれます。

- 経済産業省の統計ポータル（https://www.meti.go.jp/statistics/）
  経済産業省が提供する経済統計データが閲覧・ダウンロードできます。産業統計、エネルギー統計、輸出入統計などが含まれます。
- Google Cloud Public Dataset
- MIcrosoft Research Open Data
- World Bank Open Data
- Kaggle.com

■ ウェブAPIを利用する

次に紹介する方法が、データカタログサイトやネットショッピング、SNSなどが公開しているウェブAPIからデータを取得する方法です。

APIは「アプリケーション・プログラミング・インターフェース」の略で、人間を介さずにコンピューター同士にやり取りをさせることができるものです。

例えば、楽天のウェブAPIを、自社のBIツールと連携させることで、楽天の商品ランキングのデータを自動収集して自社で分析することも可能です。また、ExcelにはウェブAPIからデータを収集する関数が用意されています。

APIも、無償版と有償版があり、無償版は機能が絞られていることが多いです。

■ スクレイピングを行う

ウェブページ上に欲しい情報が掲載されていても、ダウンロード機能やウェブAPIが提供されていないこともあります。その場合、「スクレイピング」という手法を用いてデータを収集することも可能です。

様々なプログラミング言語においてスクレイピング※を行うための便利なライブラリ（別のプログラムから使えるようにするプログラム）が無償で提供されていることもあり、基礎的なプログラミングスキルがあれば十分に扱えます。また、最近では、プログラミングなしで、スクレイピングができるツールも有償で提供されています。

**　なお、スクレイピングを行う場合は、掲載情報の著作権、ウェブサイトの利用規約を含むコンプライアンスに注意する必要があります。**

■IoT機器を使う

　IoTは「インターネット・オブ・シングス」の略で、様々なものがインターネットにつながることを指しています。

　IoT機器には、センサーを取り付けることができます。IoT機器を例えば住宅に設置することで、従来の住宅情報サイトには掲載されていなかった部屋の温度、湿度、照度など人間の五感で感知するような情報をデータとして収集することが可能になります。

　前述した手法に比べ新しい手法で、IoTは第4次産業革命の中核となる技術とされています。

■データ連携ツールを使う

　ここまで社外からのデータ収集の手法を中心に紹介しましたが、社内のデータベース、データウェアハウス、ファイルサーバーからのデータ収集ももちろん重要です。

　そこで活躍するのが、データ連携ツールです。オープンソースソフトウェアではEmbulk、商用ソフトウェアではASTERIA Warpが有名です。Embulkを使う場合、複雑なプログラミングは必要なく、YAML（データを記述する形式の一種）などの簡単な記述で、柔軟なデータ収集が実現できます。もちろん、社内だけでなく、社外からのデータ収集にも利

※ スクレイピング：ウェブサイトやWebアプリケーションからデータを収集するための自動化されたプロセス。

用できます。

　社内外のデータを効率的に収集して、データ分析や可視化のスピード
を上げられます。

質の高い分析にはファーストパーティデータとセカンド/サードパーティデータを組み合わせて使うことが必須

　収集の方法について述べてきましたが、ここからは組み合わせの価値
に関して説明します。

　収集するデータは、いずれの方法で収集するのであれ、次の3つに分
類できます。

- **ファーストパーティデータ**：自社が自ら直接収集・管理している自
  社とのビジネス関連性が強いデータ。データ所有権は自社にあるも
  のがほとんど
- **セカンドパーティデータ**：他者/他社のファーストパーティデータ
- **サードパーティデータ**：自社も他社も購入・取得できる外部のデー
  タ

　続いて、これらを融合的に使いこなす主要なポイントを解説します。

ファーストパーティデータは最も強力だが、それだけでは新たな仮説を立てにくい

　ファーストパーティデータは自社が自ら直接収集・管理しているデー
タです。例えば、次のようなものです。

- 購買データ（POSデータなど）
- 顧客からのフィードバック、レビューデータ
- 自社が販売のために使っているウェブサイトのログデータ（Google Analyticsのデータなど）
- CRMデータ（顧客データ）
- 店舗内のビーコンデータ（顧客の動きなど）、サポートセンターデータ（問い合わせ、クレームなど）

　これらは自社の取引活動から生成されているものであり、ファクトとしてもっとも強力で信頼できるデータです。ファーストパーティデータは自社の好きなようにセグメント分けや購買した属性などを知ることができるのも大きな利点です。

　しかしながら、自社のデータであるファーストパーティデータだけでは、新たな顧客に対する精緻な仮説は立てにくい、という弱点もあります。

セカンドパーティデータのデータの質はコントロールできない

　セカンドパーティデータは他社のファーストパーティデータです。セカンドパーティデータを購入することで、マーケティング施策や顧客個々人のパーソナライズに向けて活用します。

　自社に関連性のあるファーストパーティデータだけでは実現しにくい、スケールを意識したデータ分析が可能になります。

　既存顧客を超えたプロモーションを行う際や新規の顧客獲得を行うときに使われるケースが多く、他社とデータマネジメントプラットフォー

ムのパートナーシップなどを結ぶこともあります。利益相反などがなければ相互に便益があるものです。

　一方で、セカンドパーティデータの本質的な弱点として、取得したデータの質をファーストパーティデータのようにコントロールできないということがあります。

サードパーティデータで補完し新たな顧客ターゲティングを目指す

　サードパーティデータは多種多様なソース（源）から集めたデータで、一般的にはデモグラフィックデータ（属性データ）などが含まれます。既存データ（ファーストパーティデータ）を補完することで新たなセグメントを見出したり、より精度の高いターゲティングを目指すのに使われます。

　サードパーティデータの弱点は質です。自社との関係性やビジネスから生成されたものではなく、多くは統計的に集計されたデータです。また、公開・販売されていることから、自社の競合も入手し活用していることがあります。

実際のところ、データ収集は経験量がものを言う

　データ活用したいけれども、欲しいデータが手に入らない、欲しいデータが何かわからない、という状態が続き、データ収集ステップで活用が頓挫してしまっている企業も多いです。

　実際のところ、データ収集やそのデータを使った戦略立ては、経験量がものを言います。なぜなら、次のようなことを同時に考慮しながらデータ収集の戦略を立てなければならないからです。

- 自社に何のデータがあれば、問いの答えが出せそうなのか
- 問いに対して適切な分析手法は何か
- その手法に対してどのようなデータが必要か
- 問いに答えるためにはどの程度の期間のデータが必要か
- 信頼に足るデータはどこにあるか
- 中長期的な運用に耐えるか

　上記のようなことを考慮し、データ収集の戦略策定も併せてて行い、その後のツール実装まで行っていきます。

Q 収集したデータが望ましい粒度や鮮度ではなく分析に使えませんでした。どのようにしたらよいですか？

A ないものは分析できないので、将来分析できるように今後収集するデータ構造を変えることがおすすめです。

　例えば、ECサイトのログデータには、当然商品を識別するコードが記録されていてほしいものです。そして、ログデータと商品のマスターデータを組み合わせることで、自社の顧客が、どのような商品を見比べていたのか分析することで、新たな商品開発に活かしたいところです。

　ところが、そのような基礎的な分析のためのデータ品質さえ実現できていないケースが多くあります。ログデータに商品コードをセットすることは、Google Analytics等で簡単に設定できます。

　しかし、その設定を忘れてしまったり、購入完了ページではセットしていたけれど購入前の検討段階のページではセットしていなかった、それによって分析できる内容が大幅に減ってしまった、ということは本当によくあるケースです。

　その他、行いたい分析に対し、次のような悩みはよくあります。

- データ項目が足りていないパターン
- 顧客データが更新されてしまい、過去の属性や推移を追跡できないパターン（完全な上書き保存のようなデータの持ち方をしているケース）

- 集計項目の粒度が異なるパターン

データを収集する時点で、データが月次の粒度であればそれを日次にすることはできません。なので、今後は日次で収集する、という以外ありません。

このような課題の対応には、**地道にデータ仕様を管理し、定期的にチェックする**しかありません。手間のかかることですが、このような地道な作業も、効率を上げていくことは十分に可能です。チェック後、事業インパクトを考え、本当に必要な分析へのデータであれば新しいデータ構造で収集していくとよいです。

まとめると、「データを収集したものの、分析に使いたい粒度や更新日時ではなく分析できなかった」という場合、次の手順を試してみるのをおすすめします。

1. データの再評価

収集したデータを再評価し、別の視点や有用な情報を見つけることができるか検討してください。データ内の他の要素や関連する属性を探し、それらを利用して有益な情報を抽出することができるかもしれません。

2. データの加工・変換

収集したデータを加工したり、変換したりすることで、分析に適した形式に変換することができるかもしれません。例えば、データの集約、グルーピング、平滑化、またはサンプリングなどの処理を行うことで、データを有用な粒度にまとめることができるかもしれません。

3. 追加のデータ収集

分析に適したデータを得るために、さらなるデータ収集を行うこと

も考慮してください。追加のデータを収集することで、より適切な
粒度や更新日時のデータを入手することができるかもしれません。

4. 別のデータソースの探索

収集したデータが分析に適していない場合、別のデータソースを探
索することも検討してください。他の組織や機関が公開しているデ
ータセット、オープンデータプラットフォーム、または専門的なデ
ータプロバイダーなどを調査し、分析に必要なデータを見つけるこ
とができるかもしれません。

5. 問題の再定義

分析の目的や要件に基づいて、問題を再定義することも考慮してく
ださい。収集したデータが直接的に使えない場合でも、目的に応じ
た新たな指標や代替的なアプローチを検討することができます。

これらの手順を試し、データの有用性や分析の可能性を向上させるこ
とができるか確認することで、突破口が見出せるかもしれません。

Q 自社でデータを集める方法を 具体的に教えてください。

A ファーストパーティデータを収集する方法は色々あります。

　具体的な方法を紹介します。どれか一つというわけではなく、これらの方法を組み合わせることで、自社のファーストパーティデータを収集し、分析することができます。

■ウェブアナリティクスの利用

　ウェブサイトやモバイルアプリにウェブアナリティクスツール（例：Google Analytics）を導入し、ユーザーの行動やアクティビティに関するデータを収集します。これにより、訪問者の行動パターンやコンバージョン率、製品やサービスを見ている日時などの情報を把握できます。

■カスタマーアンケートやフィードバックフォーム

　極めてアナログな方法ですが、これもデータ収集の一つの方法です。ユーザーに対してアンケートやフィードバックフォームを提供し、彼らの意見や要望を収集します。これにより、顧客の声や嗜好、ニーズに関する貴重な情報を取得できます。

■オンラインフォームの活用

　ウェブサイトやアプリ内での登録フォーム、購入フォーム、ニュースレターの登録フォームなどを設置し、ユーザーが自発的に情報を提供できるようにします。これにより、顧客の基本情報や関心事などのデータを収集できます。

■セールスデータの収集

　自社の販売データ、取引履歴、顧客管理システムなどから得られる情報を活用します。これにより、商品やサービスの売り上げ、顧客の購買パターン、顧客の嗜好などを把握できます。この時、CRM（カスタマーリレーションシップマネジメント）プラットフォームは、顧客とのやりとりを通じてデータを収集・蓄積していけるので便利です。

■インタラクションデータの記録

　オンラインチャットや顧客サポートチームとのやり取り、ソーシャルメディア上の対話など、顧客とのインタラクションデータを記録します。これにより、顧客の問題や関心事、意見などを把握できます。

さらに活用するためのデータマネジメントプラットフォーム（DMP）の構築

　DMP（データマネジメントプラットフォーム）は、多種多様なソースからファーストパーティデータを収集し、ダウンロード、クリック、購入、興味、人口統計情報などの特定の行動に基づいてセグメント化することに寄与します。

DMPは通常、Cookie、IPアドレス、デバイスIDなどの複数のソースから匿名データを収集して分類し、マーケティング担当者が適切なユーザーセグメントに広告を配信したり、散在したデータを一つの場所に集約し、包括的な管理／分析を可能にします。

データからマネタイズしたい、データを活用したい会社は、積極的にそして自律的にファーストパーティデータを収集し、適切に蓄積・管理・分析・可視化していく必要があります。

だからこそ、クラウドデータ分析基盤（DMP）などでファーストパーティの管理を加速し、機動性を担保し、ファーストパーティデータの価値を高めていかなければなりません。

ファーストパーティデータの特性とそれによるメリット

自社のデータは存在するのが当たり前だと思って見たり使ったりすることが多いものですが、他との比較で言えば、主に次の4つのメリットがあります。

- コンプライアンス
- データの品質
- ビジネスとの強い関連性
- 多くの場合無償で使用可能

■コンプライアンス

ファーストパーティデータは、その性質上データの出所や収集方法が明確であることから最小限のリスクで利用することができます。この点に関しては、第7章も参照してください。

■データの品質

　ファーストパーティデータは自社で収集・管理しているものであることから、データの出自が明確であり信頼性が高く、分析要件に応じて任意のセグメントや粒度でデータを加工・集計することができます。

　一方、サードパーティのデータは、複数のプラットフォームから収集され、より大きなデータセットにまとめられているため、通常、データの正確な出所を知ることができません。

■ビジネスとの強い関連性

　ファーストパーティデータは、ユーザーや顧客から直接提供されるため、ビジネスとの関連性がもっとも高くなっています。

　そのため、顧客や見込み客が自社サイトで自社のサービス/製品に対してどのように行動しているかを正確に把握することができ、顧客ニーズをより正確に把握することができます。

■多くの場合無償で使用可能

　ファーストパーティのデータは、すでに自社のシステムに入っており、言ってしまえばあとは活用するだけ（活用できる環境を用意するだけ）です。もちろん使用可能にするための内部コストはありますが、セカンドパーティやサードパーティのデータとは異なり、追加的な費用は発生しないということは一つのメリットです。

便利な連携ツールもおすすめ

　社内のデータベース、データウェアハウス、ファイルサーバーからのデータ収集にはデータ連携ツールもおすすめです。

前述したようにオープンソースソフトウェアのEmbulk、商用ソフトウェアではASTERIA Warpが有名です。Embulkを使うと、複雑なプログラミングは必要なく、YAMLなどの簡単な記述で、柔軟なデータ収集が実現できます。もちろん、社内だけでなく、社外からのデータ収集にも利用できます。

　社内外のデータを効率的に収集して、データ分析や可視化のスピードを上げられます。

ファーストパーティデータを収集する際の注意点

　ファーストパーティデータを収集するにあたり、次の2つのポイントに注意が必要です。

■ユーザー情報の登録は段階的に設計する

　ユーザーに関するデータを収集する際、登録がワンショットで終わってしまうとそれ以上ユーザー情報は更新されずユーザー登録自体がそれで終了してしまいます。

　つまり、ユーザーがサイトやサービスを利用する際に、**徐々に追加のデータ収集を行えるポイントを事前に設計しておくことが非常に重要です**。

　ユーザーがサービスのコンテンツやオファーに興味を持つようになると、会員登録、クーポンの提供、アンケートなどを通じて、徐々に追加のユーザー情報を収集できるようなイメージです。そこから生成されたデータは品質が高く、インサイト（洞察）の精度に直結します。

　パーソナライズされた体験を提供するためには、ユーザー登録データの収集をしたり、そのアプローチを工夫していかなければなりません。ユーザー登録データがない場合には登録してもらうための様々な戦術が

— 「メタデータ」のイメージ

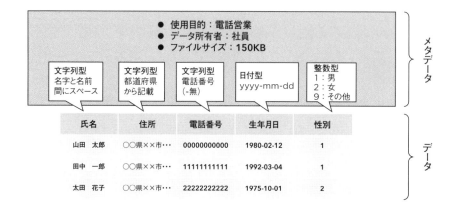

必要になりテクニックも存在します。

■データ収集時にはメタデータ管理もポイント

　データポイントを設計する際にはメタデータ[※]管理も重要なポイント
です。メタデータにおけるデータ収集とデータガバナンスを標準化し、
調整していくことが必要です。**この調整と標準化が欠けていると、ファ
ーストパーティデータが不正確になったり、効果的に利用できなくなっ
たりするリスクがあります。**

　　　※ メタデータ：データについて説明しているデータ。データ型や対象データの使用目的など。

Q いま手元にあるデータは
どのように活用すればよいですか？

A 自社の既存データを活用する場合、次に示す7ステッ
プでやるのがおすすめです。

既存データの活用は、データ活用の第一歩です。以下の手順がおすす
めです。重要なのは、この手順を持続的なプロセスとして捉え、データ
の品質管理、分析能力の強化、組織内のデータ文化の醸成などを継続的
に取り組むことです。

Step1 データ生成場所の把握

最初のステップは、データ分析・可視化の目的に合ったデータの生成
場所を把握することです。この際に、データマネジメントプラットフォ
ーム（DMP）を活用して、様々なデータソースを収集・整理すること
も検討することも多いです。

Step2 データ評価と理解

既存のデータを評価し、その特性や品質を理解します。データのソー
ス、形式、範囲、信頼性などを確認し、データの活用（分析・可視化）に

適しているかを判断します。

Step3 ニーズの特定

　データを活用する目的やビジネス上のニーズを特定します。例えば、市場分析、顧客行動の理解、効率改善など、具体的な目標を設定します。

Step4 データの収集

　必要なデータの当てがついたら、Step1で把握したデータから、データを収集します。分析テーマや目的に応じて、必要なデータを集めます。このステップは、分析手法との兼ね合いがあるため、経験のある専門家・プロフェッショナルの知見が必要になることが多いです。

Step5 データのクリーニングと準備

　データの品質を向上させるために、不正確な、欠落している、重複しているなどの問題を修正します。また、必要な形式や構造にデータを変換し、データの準備を行います。

Step6 データ分析と探索

　データを探索し、パターンや関係性を特定するためにデータ分析を行います。統計的手法や機械学習アルゴリズムを使用して、洞察を得たり、予測モデルを作成したりします。

Step7 可視化と報告

　データ分析の結果を視覚化し、報告書やダッシュボードなどの形で可視化します。これにより、組織内でデータの理解と共有を促進し、意思決定のサポートや洞察の伝達が容易になります。

Step8 アクションへの展開

　洞察を活用して、具体的なアクションを計画し、実施します。ビジネスプロセスの改善、マーケティングキャンペーンの最適化、リスク管理の強化など、データに基づいた意思決定と行動を実現します。

　データを見て理解できる環境が整ったら、あとは発展的な分析・可視化・解釈、そしてKPI 策定やその高度化の段階です。社内でデータを見て理解したり、議論し、試行錯誤していき、更なる発展的な分析や可視化を行っていきます。

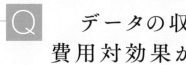

3 - 5

Q データの収集・管理コストの
費用対効果が説明しづらいです。
どのように突破したらよいですか？

A 「各データ収集作業のコスパの見直し」という作業を定
期的に実行するように業務フローを組み立てます。

　新たなデータを収集する場合、数百万円以上の投資になることもあり
ます。データ自体が無償であるオープンデータを使うにも内部的な維持
コストはかさむものです。

　無償のオープンデータをウェブ API 経由で取得する場合でも、1 回の
データ収集のコスト自体は小さなものですが、その回数が増えてきた
り、スクレイピングやセンサーデータなど収集対象の種類が多数になる
と、その処理の実行を管理するサーバーコストやデータ連携ツールの維
持コストも増えてきます。

　クラウドによって、サーバーやツールを使った分だけ費用を支払うオ
ンデマンド課金が当たり前になり、データ活用のイニシャルコストは昔
に比べ小さくなりましたが、自社のデータ活用が進むことでのランニン
グコストの増大は避けられない問題です。

　このような課題の対応には、**普段の定常業務として実行しているデー
タの収集内容の定期的な見直しがおすすめです。「本当にそのデータ収
集は必要なのか？」を定期的に問うということです。**

　データ収集作業のコストパフォーマンスが悪くなっていく理由とし

て、そのコストパフォーマンスの定期的な棚卸しをサボっていることが意外に多かったりするものです。ここはシンプルに、**その見直しの定期実行することを業務フローに組み入れる**、ということが肝要です。

　「必要だと思って収集を始めたデータだが、結局は活用できなかった。しかしいつか活用できるかもしれないし、一つのデータの収集にかかるコストは小さい」と判断して、膨大なデータを収集しランニングコストがかさんでいるケースは多く見られます。

測れないものを測りたい場合、
どうすべきですか？

 代替するデータを用いて推定します。

　もともと数値化されていないものをデータ化しようとする際には、「測れるものに代替させる」という手をとります。しかしながら、それが代替に過ぎないということは分析の過程で忘れられがちで、注意が必要です。

抽象的な概念を測る際の注意点

　測りたいものが、「北海道にある旅館数」のような、解釈の余地のないものであれば単純に計測することで事足ります。しかし、次のような抽象度の高いものはどうでしょうか。

- 最近話題の俳優の人気度
- 昇格候補者の頭の良さ
- 駅前で配ったチラシの効果
- 社員のやる気

これらのような**抽象度の高い問いは、「測れる何かに変換・代替する」**ことが必要になります。わかりやすい例で言えば「人気度」はTwitterのフォロワー数、「やる気」は心理テストやアンケートなどがあるでしょう（実際はそのような単純な一つの数値で把握できるものではありません）。

　ただ、この変換・代替はバイアスがかかりやすく、かつ予算や時間の都合上手っ取り早いインプットデータを代替のものとして使ってしまいがちです。

　測れないものを測れるもので代替する際は間違った解釈を導かないよう、変換・代替の技術や知見がある専門家らに相談することがおすすめです。

3-7

 ## データを集めるときの注意点は
ありますか？

A 測定基準や定義に関するバイアスや、選択バイアスに
注意が必要です。

データの測定基準や定義のゆれ

　私たちには、**同じ言葉の指標は、同じ計算がされているものと思い込むバイアスがあります。**「売上」や「退職率」などは想像しやすいでしょう。

　売上といっても、営業部と管理部で計算方法や定義が違っていることは多々あります。実務の内容や現場ごとに見たいものが異なるためです。

　また、退職率はどの時点で・どの数字を・どの期間で見るのかによって異なるため、多くの企業でよく議論されているものです。

　「この離脱率って、どうやって計算してる？」「えー、それ、○○の離脱率でしかないよね。これを判断するのに必要なのは××の離脱率だよね」といった話も、マーケティングの領域ではよくありますよね。

　このように、同じ言葉でも基準・定義が大きく違うものには特に注意が必要です。常にデータの出所や測定基準を確認するというリテラシー

が必要になります。

選択バイアス

　選択バイアスとは、全体から見て一部のデータが取得されたことに起因するバイアスです。分析対象に偏りがあることや、対象のある一面だけをみて結果を考えることを指します。この選択バイアスは、特にマーケティング領域のデータを扱う際に陥りがちです。

　マーケティングの現場では、データの取りやすさから、「店に来た人」「集客できた人」だけをもとに購買行動などを分析しがちです。しかし、「店にこなかった人」にも思いを巡らせることが重要です。

　また、選択バイアスの一つであるサンプリングバイアスというものもあります。

　例えば、このような場合です。

- 健康に関する協力調査アンケートを実施する際に、健康に自信のある人や関心のある人が回答者として集まりやすい
- 「〇〇という本を読んでいる人は、読んでいない人に比べて年収が〇〇万円高い」ように見えても、実際は、その本の読者層にもともと年収の高い人が多い

　実際に調査データを預かった際、こういった選択バイアスがかかっているものであることが多いです。その多くが、調査手法の制約で選択バイアスをかけざるを得ない、というものでもあります。

　取得できたデータをもとに分析しアウトプットを出す際、年齢層、職業、収入が実態と大きく異なっていて、誤った結論を導く恐れがあるということです。

これを補正するには傾向スコア・マッチング[※1]を利用した統計処理を行うことでカバーすることがあります。

手元にあるデータに固執しない勇気

データ分析のためにデータを集めようとすると、どうしても手元にあるデータに固執してしまいます。なんとかそのデータから何かを生み出そうと、こねくり回してしまいがちです。

しかし、データ分析は手段であり、本当にやりたいことは課題解決（もしくは質の高い課題発見）のはずです。手元のデータを扱うのはもちろん良いのですが、分析の過程においては、より広い視野で、例えば次に示すような可能性を今一度考えてみましょう。

- 分析しているデータ自体を変更できないか？
- 質的データ[※2]で解決することではないか？
- データ分析せずに解決できないか？

※1 傾向スコア・マッチング：傾向スコアマッチングは、無作為割付が難しく様々な交絡が生じやすい観察研究において、共変量を調整して因果効果を推定するために用いられる統計手法。詳細は本書では割愛。

※2 質的データ：非数値的な属性や特性を表すデータのこと。

Q 従業員にデータ入力を依頼して
いますが、入力してくれません。
どうしたらよいですか？

A インセンティブとUXの設計が必要です。

　従業員の手入力でなければ収集できないデータというものが存在します。これらは入力させるしかない、ということになります。しかし、現場で働く従業員としては、実際の「入力」は面倒であったり煩雑であったりして、結果的になかなか収集できないということが起こります。この場合、次のようなアプローチがあります。

インセンティブ設計

■データに基づいた目標設定

　メンバーに対して、データに基づいた目標を与え、それを達成することで報酬や評価の対象とすることがあります。たとえば、データ品質の向上やデータ分析による新たな洞察の発見などを目標として設定します。自社でデータリテラシーを定義し、それを評価精度で結びつけたりします。また、社内資格制度を作り、合格を昇進の必須条件とするといったこともあります。

■成果報酬

データ分析やデータ活用によって組織に直接的な成果をもたらしたメンバーに対して、ボーナスや報奨金などの成果報酬を与えることがあります。成果に応じたインセンティブを提供することで、データ活用を促進します。

■能力開発・トレーニング

組織内のメンバーに対して、データ分析やデータサイエンスのスキルを向上させるためのトレーニングや教育プログラムを提供します。データの取得・処理・分析・可視化などのスキルを磨くことで、データ活用能力を高めます。役職に応じて、外部の有償トレーニングへの参加を許可することもおすすめです。

■データへのアクセスとツールの提供

メンバーが必要なデータにアクセスできるようにし、データの利用を容易にするためのツールやシステムを提供します。自己サービス型のデータ分析ツールやダッシュボード、データクエリー言語のトレーニングなどが含まれます。

3-9

Q ある部署がデータを渡してくれません。どうしたらよいですか?

 A 俗っぽい言い方になりますが、偉い人を動かすことがおすすめです。

　自身が使いたいデータが他の部署や他のカンパニーにあり、「相手がデータを渡してくれない」と感じるとき、大体次のような理由があります。

- 部署間で利害関係があることから、感情的に、見られたくないので、渡したくない。
- データガバナンスが敷かれている、もしくは暗黙のルール、もしくは組織内の任意のルールにより、既存のアクセス権限や運用だとルール上渡せない。

　まず感情的に渡したくないということですが、これは例えばカンパニー制をとっている企業の管掌役員や部署リーダーの間でも起こります。自身の成果や結果、状況をつまびらかに共有したくない・共有しなくていいのであればしない、という発想です。

　実際、カンパニー横断や部署横断でのデータ分析、機械学習はかなりの示唆が出ることが多いのですが、データオーナーが各カンパニーであ

ることから、明確な目的がない限り出さないようになんとなくしている、ということがあります。

　この場合、異質なデータを組み合わせたデータ分析に意味があることを偉い人が納得できると取得できることがあります（例えば人事と財務、など部署またぎのデータ分析です）。

　行いたい分析や可視化のイメージを作り、事業に対していかにクリティカルになるかを議論・検討することが必要です。

　会社の事業にとって重要なものが出そうであれば、既存ルールを変更してもそうすべきだ、という判断になることもあります。

　また、データガバナンスが敷かれていたり、データの共有に関するルールで技術的に出せないということもあります。

　こちらに関しては、ルールを超越したイレギュラー対応を実現させるには必要性と合理性を社内で説明する以外にないかもしれません。

　ただ、データに関するルールは常に見直しがかけられるべきものですので、恒常的に必要なデータであれば、そのデータに対するルールそのものの見直しのきっかけを作ることにもなるでしょう。

第 **4** 章

データ活用ツール

性能や他社事例より相性が大事

本章では、データ活用における技術的環境の土台であるツール、ソリューション類についての質問や課題について回答します。

Q どのようにデータ分析ツールや ソリューションを選べばよいですか？

 基本的に「相性」がよいものを選びます。業務、デー タ、既存データアーキテクチャ、ユーザーニーズとの 相性です。

　ツールやソリューションを選択する際、自社のニーズに合ったものを選ぶことが重要です。華々しく語られた他社の成功事例に倣いたい気持ちになりますが、丁寧に自社の状況を考えていきましょう。

　最低限、次に示した観点を言語化し、技術的、経済的に整理する必要があります。

- **業務との相性**：ウェブマーケティング領域、在庫管理領域、管理会計領域、人事領域などの業務領域の特性との相性です。
- **データとの相性**：POSデータなどの構造化データなのか、画像などの非構造化データなのか、という点です。
- **既存アーキテクチャとの相性**：既存システムやデータベース、過去の経緯などをどの程度活用できるかということも重要です。
- **ユーザーニーズ**：自分では分析を行わず閲覧のみ行うユーザーなのか、深く分析をしたいユーザーなのかといった視点です。

これらは個別具体的な企業内にしか解がない課題になるため、**一般的**

な比較表で答えが出るものではありません。経験のあるプロフェッショナルや専門家に支援してもらいながら議論し、決定していくのが安全策でしょう。

　また、昨今のデータ分析ツールは進化が非常に速く、現時点での性能に優劣をつけてツール類を比較する意味はそこまでありません。

　データ領域で使われるツール類は進化するスピードがとても速く、選定に膨大な時間を使ってしまうと投資（時間）対効果が見合わないことも多いです。ツールやソリューションの選定に2年もかけていると、その間に大きく製品が変わってしまう（進化する）といったことが当たり前に起こり得ます。

ツールや手法で課題は解決しないということを認識していることも重要

　様々なITツール、分析ツール、プラットフォームが毎年誕生し、進化しています。ベンダー各社の営業トークでは「データ分析システムを整備していかなければ取り残される」といった訴えを耳にします。こういった営業トークの内容自体はほとんど正しいのですが、その解釈の結果として、「このツールさえ入れればデータ分析が進む」「これさえあれば思いもよらなかった解釈をコンピューターが自動的にしてくれる」と思われている方を目にします。このような発想・解釈では、手段に過ぎないツール類に多額の投資を行い、成果を探すのに必死になり、その投資のROIの帳尻を後からあわせようとするなどという本末転倒な状況に陥ってしまいます。

　どのような分析ツールを導入しても、課題解決や課題の発見はデータを扱う人間が行います。

　もちろん、様々な便利ツールは効率的で生産的なデータ分析に不可欠

であり、データ活用を加速度的に推進してくれるものですが、ツールだけではデータ分析はできません。**他社事例などを鵜呑みにせず、自社にあうツールを考えることが重要です。**

無償ツールだから「コストがかからない」というのは幻想

　初めのころは予算もなく、無償のツール類で試すこともあるでしょう。しかし、組織にスケールしていくことを考えていくと、無償ツールと社内の人材だけでプロジェクトを進めていくのは現実的にはかなり難しいです。

　多くのケースでは、どのようなツール・ソリューションにしろ、目に見える追加的費用となるライセンス費用や導入初期費用だけを考えがちです。しかしながら、無償ツールはライセンスが無償というだけで、開発・運用・セキュリティ・サポートにかかる潜在的なコストはもちろん存在します。そしてそれらの多くは、無償のものほどスキルや経験、時間（つまり経済的コスト）がかかることが多いです。

　つまり、目に見えるライセンスコストだけではなく、その後、開発・運用を進めていくにあたりどの程度の時間がかかり、どのようなスキルの人材が必要なのか、そしてセキュリティ面なども含め、目に見えにくい部分の議論が非常に重要です。

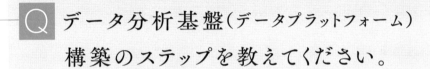

4-2

Q データ分析基盤(データプラットフォーム)
構築のステップを教えてください。

A プランニング、利用用途の決定、設計、構築、運用の
5ステップです。

データ分析基盤を自社組織で構築し活用していくのは一朝一夕にはいきません。また、構築にあたっては様々なツールやソリューションを扱うこととなります。ですので、自社にデータ分析基盤構築の経験がない場合は構築の初期フェーズから外部のコンサルティング会社やベンダーとともに進めていくことを推奨します。

ここでは、データ分析基盤を構築し実際に活用するまでの流れをざっくり解説します。本書では全体像を把握するレベルの情報にとどめます。

Step1 プランニング

まず最初に、データ分析基盤構築のためのプランニングが必要となります。前述したように、データ分析基盤とは様々なツールの集合体であり、一瞬で構築できるものではありません。

データ分析基盤は自社組織の目的と要望に沿って構築していく必要があるので、初期は構築のための体制作りが必要となります。推進チーム

の構築、担当者のアサインが代表例として挙げられます。

■ 推進チームの構築

データ分析基盤構築の舵取りをするプロダクトオーナー、データの生成・蓄積・分析の現場担当者、データを利用する社員を巻き込み、データ分析基盤構築推進チームを結成します。

実際にデータ分析基盤を構築する人や利用する人はもちろんのこと、経営層の人員を巻き込むことが理想です。理由としては、データ分析基盤の構築は現場主導のみだと一過性で終わってしまう恐れがあるからです。そのため全社的に進められるようなバックアップがあると、後の展開が楽になります。

■ データ分析基盤構築のスケジューリング・担当者アサイン

WBS（Work Breakdown Structure：作業分解構成図）などを用いて、データ分析基盤構築のタスクの棚卸し・納期の設定・担当者のアサインを行います。データ分析基盤の構築は、一過性の取り組みではありませんので誰が何をいつまでに進めるのか決めておくことが重要になります。

試しにWBSを作成したいという際はGoogleスプレッドシートでアドオンを使用して簡単に作成できるのでおすすめです。

Step2 利用用途の決定

プロジェクト体制が確立できたら、次はデータ分析基盤の要件定義を行い「何のためにデータ分析基盤を使うのか」の利用目的を決めていきます。

利用目的を決める理由としては、データ分析基盤が使われなければお金の無駄遣いとなってしまうからです。「実際にデータ分析基盤を使っ

てデータを活用してもらうこと」を初めから想定しておくことが重要です。

　利用目的を決める上で、現在社内でデータ活用に困っているユースケースを参考にすることが良いでしょう。

　例えば次のようなケースがあります。

- データ分析をする際に、毎回表記揺れを直すのにかなり時間がかかっている。表記揺れを直す処理は同じ作業だが、人がやると時間がかかるのでデータ分析基盤の環境下で自動化したい。
- 定期的にチェックする指標の中に、集計ルールが複雑でできる人が限られるものが存在する。そのため、集計が複雑だったり抽出の条件が多いデータは処理を自動化したい。

「データ分析基盤を構築したが結局使われずに終わった」「データ分析基盤をわざわざ構築しなくても、他の方法で代替可能なことが後になって判明した」といったことを避けるためにも、データ分析基盤の用途を事前に明確に設定することは重要です。

Step3 データ分析基盤の設計

　利用目的が決まったら、次はデータ分析基盤の技術的な設計を行います。要望を満たせるよう、主に次のポイントを踏まえてデータ分析基盤の設計を行います。

- どのデータを、データ分析基盤上で使用したいか
- 使用したいデータをどのように収集するか
- 収集したデータをどこに保管するか

- 保管されたデータをどのように分析し活用するか

以上のことを決めていくのと同時に、それぞれの処理はどのツールを導入し使っていくのかも決めていく必要があります。

Step4 データ分析基盤の構築

データ分析基盤の設計が終わったら、次は実際に構築していきます。データの収集・蓄積・分析・活用までを可能にするため、次のことを行います。

- すでに自社内に蓄積されている構造化・非構造化データをデータレイクに移行する
- 利用スコープに含まれるデータがデータレイク[※1]に蓄積されるようにデータ収集のワークフローを実装する
- 汎用的な処理を施したデータをDWH（データウェアハウス）[※2]に配置する
- 分析用に加工したデータマート[※3]を作成する
- データの可視化ツールを導入する

上記を実装するにあたり、ツールの選定も行います。ツールは用途や技術的環境などによって適するものが異なるので、いくつかPoCを行い比較検討することを推奨します。

Step5 運用

データ分析基盤の構築を終えたら、実際に運用を行います。データ分

析基盤は一度構築したら終わりというわけではありません。

　新たな利用用途がありますし、利用拡大に伴い機能改善をしなければならないこともあり得ます。また、実際にデータ分析基盤を使ってもらえるよう社内の普及活動も行う必要があります。

　データ分析基盤を使い続けられるよう、以下のようなことを念頭に運用します。

- データ分析基盤が要望を満たす働きをしているかの効果測定を行う
- データ分析基盤の利用状況をモニタリングする
- データ分析基盤の設計を定期的に見直す
- 社内でコアユーザーを見つけデータ分析基盤普及に協力してもらう

※1　データレイク：大量の構造化データや非構造化データを保存し、分析を行うためのストレージシステム。
※2　DWH（データウェアハウス）：組織の様々なデータソースから収集・統合し、分析や報告のために最適化されたデータの集合体。
※3　データマート：データウェアハウスから抽出された部分的なデータセット。特定の部門やビジネスユニットの分析ニーズに焦点をあてている。

4 - 3

データ分析基盤とは
なんですか？

膨大なデータの蓄積→加工→分析を一貫してできるよ
うにする技術的な基盤のことです。データ分析・可視
化をスムーズにします。

　データ分析基盤（データ分析プラットフォーム）とは、膨大なデータを蓄積
→加工→分析する過程を一貫して行えるようにする技術的な基盤のこと
です。広義には、単純に何らかの特定の一製品という話ではなく、デー
タ活用やスムーズなデータ分析を可能にする全体のスキームと理解いた
だくのがよいかもしれません。

　この整備を進めることで、一貫したシステム連携ができ、様々なデー
タを組み合わせたデータ分析が可能になります。また、**データを安全に
一元管理できることでデータ品質が担保され、日常的な分析や可視化の
質があがります。**

　「どうやって構築していけばよいかイメージがつかない」「実際にデー
タ分析基盤を構築したのちにどのように使われるかわからない」と悩ん
でいる方の一助となれば幸いです。また次節にてデータレイク・データ
ウェアハウス・データマートの用語解説をしています。

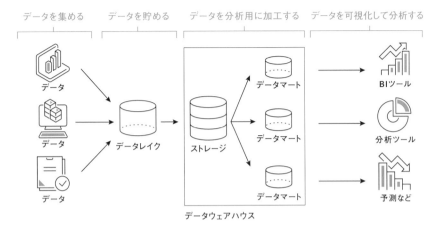

データを集める | データを貯める | データを分析用に加工する | データを可視化して分析する

データ分析基盤を構成する4つの要素

「データ分析基盤」は、組織が抱える膨大なデータをビジネスで利活用する為には必要不可欠な技術的基盤です。ここではこれから構築していくデータ分析基盤自体を4つの要素に分けて解説します。

- データを集める
- データを貯める
- データを分析用に加工する
- データを可視化して分析する

これら4要素の集合体がデータ分析基盤です。

■1 データを集める

1つ目の要素は、さまざまな情報源からデータを収集することです。

まず、データ分析に用いる素材集めをしていきます。そもそも素材と

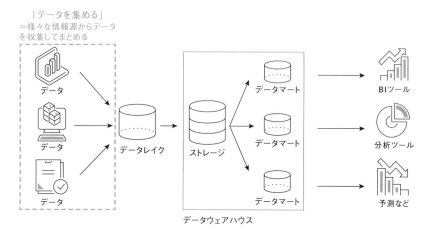

「データを集める」
＝様々な情報源からデータ
を収集してまとめる

なるデータがないことにはデータ分析はできません。

ウェブサイト・ウェブサービス・ウェブアプリなどに入力されたデータを収集する仕組みを作る必要があります。また、自動では全てのデータは蓄積されません。収集するデータの例としては、次のようなものがあげられます。

- 販売管理システムから 日次の売上データを取り出す
- 自社サイトに関する情報のうちアクセスログを取り出す

また、使用するツール例としては、次のようなものが挙げられます。

- Talend
- Fluentd
- Embulk
- Google Cloud Composer

─ データを貯める

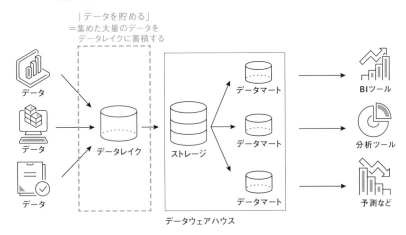

「データを貯める」
＝集めた大量のデータを
データレイクに蓄積する

データ

データ

データ

データレイク

ストレージ

データマート

データマート

データマート

データウェアハウス

BIツール

分析ツール

予測など

■2 データを貯める

　2つ目の要素は、集めてきた大量のデータを大容量の保管庫「データレイク」に蓄積することです。

　ここで使用するツール例としては、次のようなものが挙げられます。色々なツールがありますが、機能的にはどれも大きな差はありません。

- Google Cloud Storage
- Azure Data Lake Storage
- Snowflake
- Amazon S3
- Oracle Cloud Infrastructure Object Storage
- IBM Cloud Pak for Data

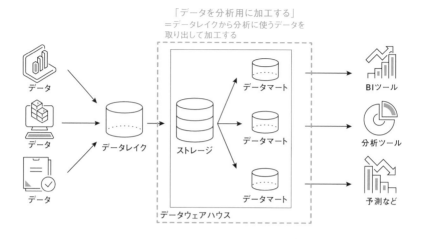

「データを分析用に加工する」
=データレイクから分析に使うデータを
取り出して加工する

■3 データを分析用に加工する

　3つ目は、データレイクに蓄積された膨大なデータのうち、分析に使用するデータのみを取り出し最適な形へ加工していくことです。

　ここでは、データレイクから分析用に移してきた素材データを、使う人・用途・目的に応じて、集計・統合するなどの加工を行います。こうした加工したものを「データマート」と呼びます。そして、分析用に集めてきたデータやデータマートは「データウェアハウス」に保管します。

　使用するツールとしては次のようなものがあげられます。こちらもいろいろなツールがありますが、機能的にはどれも大きな差はありません。

- Google BigQuery
- Azure Synapse Analytics

- Snowflake
- Amazon Redshift
- Alteryx
- Treasure Data

■4 データを可視化して分析する

　4つ目は、作成したデータマートのデータが可視化されたもの（レポート、ダッシュボード）を構築し、分析し、メンテナンスしていくことです。

　データマートは加工済みのものですが、数値の羅列に過ぎず人間が意思決定する材料としてはまだ使いにくい状態です。したがって、グラフやチャートを用いることで、人が見て理解できる状態にしていきます。

　ツールとしては、BIツールや統計ツールなどを用います。使用するツール例としては次のようなものがあげられます。こちらも色々なツールがありますが、機能的にはどれも大きな差はありません。

— **データを可視化して分析する**

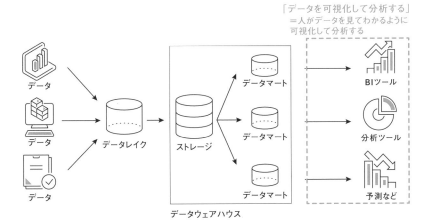

- Tableau
- Looker
- SPSS
- PowerBI

データ分析基盤を構築すべき2つの理由

データ分析基盤の構築は、データ活用を進めるのに必要不可欠です。理由としては主に2つあります。

- スムーズなデータ分析と可視化を実現する
- データの一元管理を可能にし、データの品質を担保できる

それぞれ詳しく解説していきます。

■ スムーズなデータ分析と可視化を実現する

データ分析基盤（データプラットフォーム）を構築し活用することで、データを「集める」「貯める」「分析用に加工する」「可視化して分析する」の4ステップを一つの環境下で連携させて実行するので、「データを分析して活用しよう！」となった際すぐに作業に入ることができます。「複雑な集計を毎回行わなければならない」「毎回毎回データ抽出の条件が複雑で工数がかかる」といった事態を避けることができます。

また、この連携は本来得られなかった分析結果を生み出す可能性が高まります。データ分析基盤（データプラットフォーム）により、組織間や部署間で横断したデータ分析が可能になるので、複合的な観点で分析を進めることができます。

例えば次のようなものがその例です。

- 店舗の売上データと分析サイトの売上データなど異なるチャネルの
  データ分析
- 関東事業部と関西事業部の商品構成など異なるエリアのデータ分析
- 財務と人事など、異なる部署のデータ分析

■ データの一元管理を可能にし、データの品質を担保できる

　データ分析基盤（データプラットフォームのような）技術的環境なくデータ
を散在させたまま管理していると、次に示すような状態に陥ります。す
でにこのような状態になってしまっていることがきっかけで、データ分
析基盤データプラットフォームの構築にとりかかっている、という企業
もあるでしょう。

- ほぼ同じデータを数多くの部署で様々な場所に保存し、どれが最新
  のものか、はたまたどれが正しいのか、わからなくなってしまって
  いる
- データが部署ごとにバラバラに管理され、表記やルールも異なるの
  で、分析や可視化のために紐づける際に欠損が生じるなど分析以前
  に詰まってしまう

　裏を返せば、データ分析基盤構築（データプラットフォーム）がうまく構
築されていれば、上記のような問題を解決することができるということ
です。

4-4

Q データレイクとデータウェア
ハウスはどう違いますか？

A データレイクは取り急ぎなんでも入れておける倉庫、
データウェアハウスはニーズや状況に合わせて整理さ
れている棚や作業場所のようなイメージです。

　データレイクやデータウェアハウスというキーワードを聞いて、「自
社にも導入したい」と考える方が多いです。同じような文脈で登場する
言葉として、「データマート」もあります。併せて理解していただくた
めに、それぞれの用語を整理します。

― **データレイクとデータウェアハウス**

■データレイク

様々な場所から取得したデータを貯めておける場所です。格納する際に特に使途は決まっていなくても構いません。分析のために加工したデータを置く場所ではないので、構造化データ、非構造化データ、どちらも格納します。

■データウェアハウス

データレイクの中から構造化できるものが格納されている場所です。分析、可視化するデータの基盤になります。

■ストレージ

データを永続的に保存するための物理的または仮想的な場所です。

■データマート

高速かつ適切に分析・可視化できるように目的別に整理されたデータ群を指します。BIに接続して可視化されることが多いです。

それぞれの違いについて、次ページのように表で整理するとその違いがわかりやすいでしょう。この表はイメージをつかんでいただくためのもので、絶対的な正解ではない点にはご留意ください。

データレイクの導入を検討する主なタイミング

データレイクは、使用目的が決まっていないうちに生データを蓄積できるという特性から、次のような5つのタイミングの際に導入を検討することが多いです。

── データレイク/データウェアハウス/データマート

	データレイク	データウェアハウス	データマート
格納される データ	● 用途未定の生データを含むあらゆるデータ	● 加工・クレンジング済みの構造化データ	● 目的とする分析に必要となるクレンジング済みの構造化データ
主なユーザー	● データサイエンティスト ● データエンジニア ● その他データの専門家	● データアナリスト	● データ分析者 ● アナリスト ● ビジネス担当者
用途	● 非構造化データ（画像など）も含めて機械学習などに使用する	● ビジネスで求められる様々な分析に使用する	● 特定の分析に使用する
メリット	● 安価にあらゆるデータを保存しておける	● 様々な分析用途に応じてデータをすぐに取り出せる	● 必要なデータが適切な形で保存されており、誰でも利用しやすい
デメリット	● データの保存場所がわからなくなることが多い ● ある程度のデータ分析の知識がないとデータを活用できない	● ある程度のデータ分析の知識がないとデータを活用できない	● 目的の分析以外には向かない

- AI・機械学習を導入したい分析がある
- 非構造化データを活用したい
- データサイエンティストが探索的に分析できる環境を作りたい
- 低コストでデータ分析基盤を構築したい

それぞれ詳しく説明します。

■ **AI・機械学習を導入したい・非構造化データを活用したい**

　機械学習やAIを導入する際には、どんな分析手法を採用するかによってデータの加工方法が変わります。そのため、データサイエンティストが生データに直接アクセスできる方が効率的です。また、データレイクにはテキストデータやセンサーデータ、画像データといった非構造化

― 非構造化データ

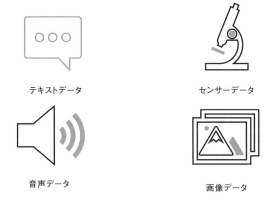

テキストデータ　　　　　　センサーデータ

音声データ　　　　　　画像データ

データもそのまま格納することができます。

　それらのデータを用いることで、例えば次のようなことを実現することが可能になります。

- 大量の画像データと熱センサーデータを用いて、高精度な異常検知システムを製造ライン上に構築する
- モバイル機器やセンサー、カメラから送られる情報を用いて、消費者が手に取った商品を認識することで、店舗の無人化やイベントの混雑を減らすなど顧客利便性向上に役立てる
- 大量のアンケート回答結果を集計し、テキストマイニングによって新商品開発につながるインサイト（知見）を得る
- 選択式ではなく、自由記入式のアンケートをNLP（Natural Language Processing: 自然言語処理）を用いて解析することで、感情などの情報も含めた、より詳細なフィードバックを得て、サービス改善に活用する
- 110番通報の音声データと防犯カメラの映像を組み合わせて解析・

予測をすることで、事件を未然に防いだり、警察官や救急隊員の配置最適化を行う

- コールセンターやクレーム電話の音声認識データをNLPを用いてテキスト解析する。

ただ、非構造化データの分析は、理論的にできることが多く大変魅力的なのですが、構造化データと比較して予算が桁違いになります（ざっくりと、ゼロ2つ違うイメージ）ので、構造化データで、価値がだせることを一旦進めるのが得策です。

■データサイエンティストが探索的に分析できる環境を作りたい

データレイクには、格納する時点ではどのように役立てるかが決まっていなくてもデータを放り込むことができます。そうしてデータレイクに蓄積されたデータは、利用可能性などを探る、探索的な分析をすることに向いています。

■低コストでデータ分析基盤を構築したい

データレイクを導入することで、既存のデータベースの負担を軽減し、データウェアハウスのストレージコストを下げることができるので、データ分析基盤"全体"のデータ管理コストを下げることが可能になります。

機器から送られてくる大量のデータを捌ききれずにサーバーが圧迫されたりエラーが発生するといった問題を防ぐべく、貯まったデータをデータレイクに吐き出すことでサーバーの負担を軽減できます。

色々な製品がありますが、機能的にはどれも大きな差はありません。

データウェアハウスでデータをビジネス価値にしたい

データウェアハウスは事業に必要なデータの活用ケース（ユースケース）を実現します。

■ データウェアハウスの4つの特徴

1990年代にデータウェアハウスの概念を提唱したビル・インモン氏が、データウェアハウスの4つの特徴を定義しています。

- **サブジェクト指向**（subject oriented）：活用目的に沿って整理されている
- **統合性**（integrated）：複数のデータソースから活用目的ごとに統合する
- **恒常性**（nonvolatile）：必要な時に過去のデータを遡って分析できる
- **時系列**（time variant）：データが時系列に並んでいる

データレイクとデータウェアハウスで最新のデータ分析基盤を構築する

データレイクとデータウェアハウスは二項対立の概念ではありません。それらを併存させることで、データの価値を最大化することができます。データウェアハウスとデータレイクには異なる役割があります。

次の図は繰り返しになりますが、データの流れとともに示したそれぞれの役割のイメージです。

データレイクに各システムやデータソースからのデータが集約され、

データウェアハウスに必要なデータが抽出されます。そして、各部署はデータマートに接続されたBIツールなどを使用してデータを可視化・分析するというのが一連の流れです。

この図のように、データレイクやデータウェアハウス、BIツールなどを活用することで統合的なデータ分析基盤を構築することが可能です。そして、部署ごとのデータのサイロ化や分析の属人化を予防することができます。

データマネジメントやデータガバナンスの観点からも、共通のルールに基づいてデータを管理でき、高品質であることが保証されたデータを使って分析を進めることができます。

― **データレイクとデータウェアハウスの役割**

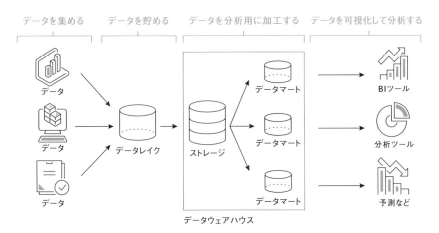

4-5

データレイクとデータウェアハウスの
運用上の注意点を教えてください。

A データレイクは「扱う人」の専門性、データウェアハウスは「コスト」に注意しましょう。

データレイクはデータの専門家に扱わせる

データレイクには生のデータがそのまま存在しているため、次に示すポイントに注意する必要があります。データレイクの扱いは、専門家でなければ難しいのが現実です。

- データの信頼性の確認
- データ統合の実現可能性の把握
- 表記揺れやデータ型の修正・統一

言い換えれば、社内に専門家がいない状態でデータレイクを導入することはハードルが高いということです。

データを"沼化"させないようにデータカタログで対応する

データレイクは使途が決まっていなくともとりあえず蓄積するということができることから、どこに何のデータがあるのかわからない「沼」状態になってしまいがちです。

加えて、データガバナンス上の取り決めもあらかじめ整えておく必要があります。

データの検索性を担保し、沼化を避けるためには、データカタログ（データの目録）を作成しておくとよいです。

データウェアハウスはコストの増大に注意する

データウェアハウスを運用する際は、ストレージのコスト、時間コストに注意を払いましょう。

■現状のデータ分析に必要なデータのみを格納する

データウェアハウスよりもデータレイクの方が、データの貯蔵先としては安価です。

データウェアハウスで全てのデータを蓄えようとすると、維持費が高額になってしまう場合があります。データレイクと併用して、データウェアハウスには現状の分析に必要なデータのみを入れるようにしましょう。

■構築にはリードタイムを要する

データウェアハウスの設計はテーブル※設計、構造化、データ統合な

※ テーブル：情報を整理し、表形式で表示するためのデータ構造。

ど決定すべき論点が多いため、一筋縄にはいきません。また、様々な種類のデータがあればあるほどデータの持ち方が複雑化し、検証プロセスも必要になります。

　一方で、その場しのぎに短時間で構築したデータウェアハウスでは望ましい効果が得られません。自社にとって最適なものの構築のためにはリードタイムを要すると認識しておきましょう。

4-6

Q ツール導入やデータプラット
フォームの構築・推進にあたり、
成功のポイントはなんですか?

A よいデータプラットフォームを構築することに加え、
データカルチャーを育てることです。

　データ分析基盤や質のよい環境の整備と両輪を成すのがデータカルチャーです。データカルチャーとは、組織内のデータに対する意識、価値、態度、行動のパターンを指します。データカルチャーを持つ組織では、データが組織全体で重要な資産であると認識され、データに基づいた意思決定や行動が促進されます。データカルチャーがなければ環境を活かしきれません。社内でデータ活用やデータ分析のプロジェクトを推し進める際には、2本立て（データ環境や基盤の整備とデータカルチャーの醸成）で遂行することが重要です。

　カルチャー醸成の作戦は戦略的なものから現場の運用レベルまで様々です。以下が実際行われている一例です。

■ データの重要性を強調する

　一見、当たり前すぎてかつ単純なように思えますが、非常に重要です。組織内のすべてのメンバーに対して、データの重要性と価値を明確に伝えます。データが意思決定やビジネスの成果において重要な役割を果たすことを強調します。具体的には、ビジョンを全社員に共有できる

全体会議や集会などの際に行うことが効果的です。

■ データに関する教育とトレーニング

　データのリテラシーを向上させるために、従業員に対してデータに関する教育やトレーニングを提供します。データの収集方法、分析手法、データ品質の評価など、基本的なデータスキルを向上させることが重要です。具体的な方法としては、有志での勉強会やワークショップなどが多いです。

■ データへのアクセスと共有の促進

　データへのアクセスを容易にし、情報の共有を奨励します。データを組織全体で共有する文化を醸成するために、データのアクセス権限や共有プラットフォームの整備、情報の透明性を高める取り組みが必要です。これらは、データマネジメントやデータガバナンスの取り組みに繋がっていきます。

■ データ品質の向上

　データ品質の向上に取り組みつづけることが、データに対する信頼性を向上させ、データ文化を醸成させます。データ品質の基準やガイドラインを策定し、データエントリーの正確性や一貫性を向上させるためのプロセスを確立します。また、データ品質のモニタリングと改善にも取り組みます。

■ データに基づく意思決定を奨励する

　データに基づく意思決定を支援し、その成果を評価する文化を醸成します。データを活用したプロジェクトやイニシアチブの成功事例を共有し、データに基づくアプローチを称えます。これも全体集会などで共有

するのがおすすめです。

■ **経営陣のサポート**

データカルチャーの醸成は、組織のリーダーシップのサポートが不可欠です。経営陣がデータに対する意識を高め、データドリブンな組織文化を実現するためのリソースやサポートを提供することが重要です。

■ **データガバナンスの確立**

データガバナンスフレームワークを確立し、データの管理、保護、コントロールを適切に行います。データの所有権、アクセス権、データ品質管理、コンプライアンスなど、データガバナンスの原則とポリシーを明確に定義します。

Q データ可視化の手段を決める
際のポイントはなんですか？

A 必要となる分析・可視化手法、ユーザーのスキル、可
視化の共有方法の3点で検討した方がよいです。

データ可視化の手段として活用できるツールは、大きく分けてノーコ
ード※を主体としたBIツール系と、プログラミング言語系があります。
多くの会社ではこれらを両方併用して使っていることがほとんどです。
どちらがよいというよりも、シーンに応じて便利な方、価値のでる方を
選択して使います。

─ データ可視化の手段

	BIツール系 （Power BI、Tableau、Qlikなど）	プログラミング言語系 （R、Python、D3など）
分析・可視化手法	● 基本機能では高度な分析は行いにくい ● ビジネスで頻繁に使用する手法や可視化に強い	● 機械学習や専門的な統計学的手法を用いた分析が可能
ユーザーのスキルレベル	● GUIによる直感的な操作が可能 ● SQLはできなくとも閲覧が可能ではあるが、それなりのことを行うには学習コストがかかる	● プログラミングスキルが必要
分析・可視化の共有方法	● 共有するためのプラットフォームが用意されている	● 他者と共有することを前提とはしていない

◎：優れている　○：良い　△：課題アリ

※ ノーコード（No-code）：プログラミングの知識やスキルを持たない人でも、分析や開発ができる
ツールやプラットフォーム。

第4章 データ活用ツール

これらの違いについて簡単にまとめた表がこちらです。

それぞれ詳しく説明します。

BIツール系

BIツール系の代表例には、TableauやPower BIなどがあります。

これらはGUI（Graphical User Interface、グラフィカルユーザーインターフェース。クリックなどでユーザー自身が直感的に操作できる画面のこと）による操作ができるため、誰でも利用しやすいという特徴があります。また、BIツールでダッシュボードを作成することで、他者への共有や実務での運用が簡単に行えます。

一方で、BIツールは自分でコマンド入力をするものではないので、機械学習や、統計学的な手法を用いた専門的な分析は行いにくいことが多いです。もちろん、それぞれのBIツールに、RやPythonのアドオン機能を付加することで高度な分析が実現できるものはあります。また、BIツールの利用にはライセンス料が必要になります（無料のものも存在します）。

プログラミング言語系

プログラミング言語系の代表例には、RやPythonなどがあります。

これらはオープンソースであり、Anacondaなどを用いて開発環境を構築することで誰でも無料で使用することができます。また、機械学習や専門的な統計学的な手法を用いた分析の可視化を行うのに最適です。

4-8

Q BIツールの導入は本当に必要ですか？Excelで十分ではないですか？

A Excelでは「属人的になりやすい」、「サイズの大きいデータを扱いにくい」という2つの問題が生じがちです。

BIツールは様々な機能がありとても便利なツールです。機能としてはExcelと同じようなものも存在します。多くの場合、BIツールの導入を考え始める2つのタイミングがあります。どちらもExcelで運用ではを使う上で致命的になりやすいものです。

- **属人化を回避したい**：Excelは複数人との共有が難しく、メールのファイル添付での送受信やファイルサーバーへの格納によって共有しがちです。属人的ないわゆる"神Excel"が作られることも多く、こういった場合、担当者が退職すると、その後どうにもできなくなる状態を引き起こしがちです。属人性を回避したいというタイミングは、BI導入のきっかけになりえます。
- **データ量が限界を迎えた**：Excelを使ってローカルPCで処理を行うにはほぼ不可能なデータ量になった際も、BIツールの導入を考えるタイミングです。

これらの点に対し、自社がどれだけ切実に課題と感じているかどうか

が実際の判断の決め手になることが多いです。

　一方で、BIツール導入を検討されているクライアントの方からよくいただく質問があります。それは、「BIはExcelとどう違うのか？」「それExcelでできるのでは？」といったことです。BIツールとExcelは、似ているようで用途や思想が異なります。

BIツールの活用目的は他者とデータを共有すること

　BIツールは、わかりやすく言うと、いわゆる難しいコードと呼ばれるものを書かなくてもデータを使った分析ができる道具です。コードの知識は不要ですが、これらのツールで複雑な分析をすればするほど、求められるスキルが上がります。つまり、BIツールも簡単に使いこなせるものではないということを強調しておきます。

■BIツールの例

- PowerBI
- Tableau
- Looker
- SAS
- Qlik
- MicroStrategy

　BIツールがExcelと比較されがちな理由は、Excel（Access）文化を脱するためにBI導入を検討し始めることが多いことが背景にあるでしょう。

　しかし、そもそも両者は製品としての生い立ちが異なるものです。Excelは表計算ソフトですが、BIツールは組織内でコラボレーション・

共有するための“プラットフォーム”です。自社のデータ活用の目的や状況に合ったBIツールをうまく活用することで、組織のどの職位や職種の方でもデータを見て理解できるようになる、というのがBIツールの目指すところです。

また、BIツールは、組織内のデータ分析や可視化と共有を実現するための3つの観点について、下支えを可能にします。

- データガバナンス
- セキュリティ
- 自動化

BIツールから見たとき、Excelはデータソースとして存在します。BIツールは、様々な場所にあるデータと接続したり、データを抽出したりすることが可能です。ExcelやPDFなどのシンプルなデータから、Oracle、AWS、BigQuery、Microsoft Azureなどの様々なデータベースにまで接続することが可能です。

ExcelとBIツールは別物であり、どちらかだけで運用するのでもない

「ExcelでしていたことをBIツールに移管したい」とよく相談をいただくのですが、全てを移管したほうがよいというものではありません。使い分けの例として、BIツールが持つリアルタイム性は大きな価値ですので、重要な経営指標などはBIツールで見て理解できるようにし、手元の細かい問題やデータ量の少ないものは、Excelですぐに解決できるものであればExcelを使い、両者を共存させる方法が望ましいと思います。

	Excel	BIツール
生い立ちと目的	• データを操作するスプレッドシート	• 分析を目的としたデータ可視化に最適
主な使いどころ	• スモールデータの分析 • 他者と共有しない一人での分析 • データソースと接続しない簡易な分析	• 大量データの分析 • 他者との共有を前提とした分析 • 様々な種類のデータと接続する分析
パフォーマンスチューニング	• Excelとしての処理を高速化させることはできない	• 計算処理工程をレビューすることで、全体のパフォーマンスを上げることが可能
セキュリティ	• パスワード保護 • セルのロック • ワークブックの保護	• スクリプト不要でデータの保護が可能。パーミッション（権限）管理・アクセス制限の設定なども可能
データ量	• ある程度のデータ量になると、ファイルを開くだけで数分かかる場合がある（100万行程度で限界）	• 千万行のデータ処理でも数秒のレスポンスを実現
データ探索	• データの探索段階で「この切り口で分析をしたい」などの仮説や考えを持つ必要がある	• 仮説を持っていない段階から探索が可能。優れたUI設計により、データの探索やパターン・トレンド等の把握が容易に行える
連携の幅	• 60ほどのアプリケーションと連携可能	• Tableauの場合、約250のアプリケーションと連携可能

BIツール導入のハードルは機能の有無ではなく、Excelへの"慣れ"と新たなものへの学習コスト

ここまでExcelとBIの比較をざっくり解説しました。現実的には、BIツール導入のハードルはBIツールの細かい機能ではなく、いま使っているExcelが便利すぎることと、新たなものを導入する際のに対する学習コストがかかりすぎることが潜在的な課題になっているケースが多いです。

■ 我々はExcelに慣れすぎている

Excelは罫線を使ってメモ帳にしたり、分析、指標管理、原価計算、プロジェクト管理など、とにかく何にでも使えます。しかし、Excelが便利すぎるため、「データ」（ここではデータソースの意）としては使えなくなったり、Excelで全て完結させようとすることが多くなる原因の一つでもあります。Excelは何でもできてしまう分、スイッチングコストを非常に高く感じるということがあります。

■ 新たなものへの学習コストは高く感じる

新たなものを学習することへの抵抗や新たなツールに対するハードルが高いという反応は、どの組織においてもあるでしょう。実際に、BIツールだけでなく新たなツールに慣れる場合、一定の時間はかかるものです。

第 **5** 章

分析設計・企画

問いを言語化することで、
目的にあった分析に落とし込める

本章では、データ分析を始める際に起きる実務的
な疑問や課題に回答します。

Q 自社はまだデータ活用の初期
フェーズです。分析テーマとしては
何から始めるのがよいですか？

A 実利がイメージできる、売上や利益にダイレクトに
ヒットするものがおすすめです。

特に最初の段階では、売上や利益にインパクトが
あるものがおすすめ

「データを使ってなにをやりたいのかわからない」という企業は多い
です。

そのような時には、自社のビジネスモデルのP/L（損益計算書）にダイ
レクトにヒットするテーマを提案します。P/Lにヒットする、というの
はつまり、企業の売上アップに寄与するもの、もしくはコスト削減に寄
与するものということです。実利がわかりやすいため、その「投資対効
果」をイメージしやすくなります。

実利や事業インパクトに間接的なテーマから始めると、どうしても成
果自体がわかりづらいと言われることが起きます。実際には意味があっ
ても、何も効果がないと誤解され、投資に見合わないと判断され、プロ
ジェクト全体が失敗に終わってしまう可能性もあります。

- **売上アップ**：コンバージョン率改善、トップ営業マンの行動分析、新規・継続契約数アップ、クリエイティブの画像分析、レビューや口コミの感情分析 など
- **コスト削減**：業務効率化、手続きの自動化、その他原価削減につながるもの など

その他おすすめテーマ

■ データの可視化とダッシュボードやレポート作成

　利用可能なデータを整理し、ダッシュボード（264ページ参照）や可視化ツールを使用してデータを見える化します。これにより、現状の状況やトレンドを把握し、洞察を得ることができます。データ品質に問題がある場合もありますが、いまあるデータから部分的にでも現状を知ることが可能です。

■ 基本的なデータ分析

　例えば、売上の推移や地域ごとの売上比較、顧客の行動パターンの分析、相関分析などを行います。これにより、ビジネスの現状把握や機会の発見が可能です。上記の可視化と基本的なデータ分析までは、データさえあれば比較的着手しやすく、やらない手はありません。

■ 顧客セグメンテーション

　顧客データを活用して、顧客セグメントを特定します。顧客の属性や行動に基づいて、異なるセグメントに分けることで、よりターゲットに合ったマーケティングやサービスの提供が可能になります。即効性があ

り、周囲にデータを使う価値を理解してもらいやすいテーマです。

■ ログデータやトランザクションデータの分析

　プロセスの最適化やログデータ[1]、トランザクションデータ[2]の分析は、多くの場合、低コストで実施可能です。既存のデータを活用することで、追加の調査やデータ収集の負担を軽減することができます。また、短期間で実施できることが多く、即効性のある成果を得ることができます。

※1 ログデータ：システムやアプリケーションの動作やユーザーのアクティビティに関する情報を記録したデータ。
※2 トランザクションデータ：トランザクションデータは、ビジネスや金融などの領域で、取引や操作の詳細な情報を記録したデータ。

5-2

 **解決すべき課題の特定から、
分析に使うデータの選択までの
流れを教えてください。**

A 課題の特定からデータの選択までの流れは、以下のステップで進めることがおすすめです。

基本的な手順

■Step1 課題の特定

最初に解決すべき課題を特定します。ビジネスの課題、マーケティングの課題、製品開発の課題、あるいは研究領域の課題など、さまざまな場合が考えられます。

■Step 2 問いの設定

課題を解決するために必要な情報や知識を明確にするために、具体的な問いを設定します。例えば、「顧客の購買行動に影響を与える要因は何か？」「製品の品質向上に向けた改善策は何か？」といったものです。問いは、課題の本質を捉え、解決策を導くための方向性を提供するものである必要があります。

■Step3 必要なデータの特定

　問いに対する回答を見つけるために必要なデータを特定します。データは、既存のデータベースやデータウェアハウスから取得できるかもしれませんし、新たに収集する必要があるかもしれません。必要なデータは、課題と問いに関連し、分析に適した形式である必要があります。

■Step4 データ収集

　必要なデータを収集します。既存のデータソースからのデータ抽出、調査やアンケートの実施、センサーデータの収集など、さまざまな収集方法があります。

　データ収集の際には、データの信頼性や個人情報保護に十分な配慮が必要です。

■Step5 データのクリーニングと整形

　収集したデータは、クリーニングと整形が必要な場合があります。データに欠損値や異常値がある場合は、それらを処理する必要があります。

　また、データの形式を統一するために、データの変換や正規化も行います。

■Step6 データの分析手法の選択

　問いに対して適切な分析手法を選択します。データの種類や性質、問いの性質によって、仮説検定、数理最適化、機械学習など分析手法が異なる場合があります。

■Step7 データの分析と解釈

選択した分析手法を用いてデータを解析し、問いに対する洞察を得ます。分析結果を可視化したり、統計的な検定を行ったりすることで、データから得られた情報を解釈します。

問いを言語化することで、目的に合ったデータ分析に落とし込める

「現在の課題として、考えるべきことを考えられているか？」という視点も非常に重要です。質の高い課題を抽出・言語化したあとにデータ分析に着手するという流れがおすすめです。

例えば、「売上が落ち込んでいるから売上について分析してみよう」と思っているだけで、単に商品別の売上の数字を集計して眺めているだけでは、深い洞察は導き出せません。

意味のある分析をするためには、深く思考し、自問自答したりしながら、なんらかの仮説に辿り着く必要があります。例えば、「売上が落ち込んでいるから売上について分析してみよう」ではなく、「売上減少の要因として、ロイヤリティの高かった優良顧客が他ブランドに切り替えている可能性がありそうだ。ブランド切り替えのタイミングに傾向はあるか、ブランド切り替えが売上に与える損失はどの程度と見込まれるかについて確認・分析を行いたい」というレベルまで課題が深められ仮説が設定されていると、意味のある分析の最初の一歩になります。

そうすると、「顧客の初回購入日をベースに、年度別の累計購入金額を確認したい」というところまで導くことができます。ここまで言語化して初めて、データセットの取捨選択を考えられます。ちょうど、次の

ようなイメージです。この図表ではデータを集計するイメージがわきやすいように、言語化したキーワードにExcelの関数を関連付けています。

　こちらはわかりやすくするための一例ですが、ここまで落とし込んで初めて、意味のあるデータ分析の実務につながります。

― 言語化したキーワード

顧客の初回購入日をベースに、顧客コホートで
その売上トータルを年度推移で見たい

COUNTD（[顧客名]）

SUM（[売上]）　YEAR（[オーダー日]）

5-3

Q プロにデータ分析の依頼をすると、
どのようなレポートや成果物が
出てくるのか教えてください。

A 多種多様なデータ分析・可視化のプロジェクトがあり
ますが、一つの例をご紹介します。

　データ分析・可視化のプロジェクトは多くのパターンがあり、アウト
プット（成果物）やレポート形態は様々です。

　ここでは、アウトプットイメージを紹介します。

■データ分析レポート

　データ分析の結果をまとめたレポートです。このレポートには、分析
の目的、使用されたデータ、分析手法、結果の解釈、洞察、および推奨
事項などが含まれます。レポートは、グラフ、図表、表などを用いて視
覚的にわかりやすくまとめられることもあります。

　主に以下の内容が含まれます。

- ●目的、背景と検証方針
- ●分析結果・検証結果（期間やサンプル数、選択した手法とその理由、使用した
  ツールなど）
- ●基礎分析（ベーシックアナリティクス、統計モデル）
- ●アドバンスドアナリティクス（機械学習モデルなど）

■可視化

データ分析結果を視覚化するためのグラフや、チャートが提供されることがあります。これにより、データのパターンやトレンドが一目で理解できるようになります。可視化は、情報をわかりやすく伝える効果的な手段です。

■洞察と推奨事項

データ分析の結果から得られた洞察（インサイト）や推奨事項が提供されます。洞察はデータの傾向やパターンに基づいて得られる知見を指し、推奨事項は問題の解決や目標の達成に向けた具体的なアクションや戦略を示すものです。

例えば、以下のようなものが入ります。

- 分析結果から導き出される結論
- 具体的な施策案と根拠
- 既存データに対する評価と新たなデータがあれば実現可能なこと

■追加の資料や解説

必要に応じて、データ分析の背景や手法の詳細、統計モデルの説明、使用したデータセットのメタデータなどの追加資料や解説も提供される場合があります。これにより、関係者が分析結果をより深く理解し、再現性などの検証を行うことができます。

Q

実務でよく扱うメジャーな 分析手法はなんですか？

A 目的に応じて色々なデータ分析手法があります。重要なのは、一つ一つの手法に長けるというよりも、手法には様々なものがあると知り、実データと実課題に対峙した際に、適切なタイミングで適切な手法を選択できることです。

データ分析の手法は、大きく4つの目的に分類できます。

1. 探索する
2. 比較する
3. 分類する（教師なし）
4. 分類する（教師あり）・予測する

　主に次のような手法があり、データや状況、出したいアウトプットなどによって分析者が選択します。

― データ分析の手法

分類名	目的	具体例	手法例
探索する	• データの基本的な特性を理解し、インサイトを得る	• データの散布図をプロットしてデータの関連性を確認する	• 基本統計量の確認、散布図、ヒストグラム
比較する	• 同じ指標のデータを比較して意味を見出す	• 売上上昇のための施策に効果があったかどうか前後を比較する	• カイ二乗検定、t検定、分散分析
分類する（教師なし）	• データをカテゴリに分類する	• 顧客データから似た消費行動を示す顧客をクラスタリングする	• K-means、階層的クラスタリング
分類する（教師あり）・予測する	• 異なるデータ間の関連性を評価し、未来のデータを予測する	• 製品の価格と売上の間の関係を評価し、未来の売上を予測する	• 回帰分析、決定木アルゴリズム、時系列分析

※教師あり/なし：教師あり学習はラベル付きデータから学び、予測をします。教師なし学習は、ラベルの無いデータのパターンや構造を探します。ラベルとは分類の仕方の答えのことです。

Q 分析結果に対して「意思決定に役立つアウトプットではない」と言われました。どう説明すればよいですか？

A 意思決定者側に、データやデータ分析に対する過剰な期待があり、「意思決定に役立たない」と思ってしまっていることが往々にしてあります。思い込みや過剰な期待があるとうまくデータ活用はできません。苦しいですが、プロジェクト開始時もしくは過程の中で何度も分析の解釈の仕方を説明していく以外ないでしょう。

将来を完全に予測できるデータ分析は存在しない

　売上予測や価格予測を行う中で、事業部長やプロジェクトオーナーといった意思決定者の方自身が、分析結果の裏にある不確実性を理解せず、プロジェクトが頓挫してしまうことは多くあります。意思決定者が不確実性を理解できない場合、ただ一つの唯一解を求めがちで、話が堂々めぐりになり、「一つの答えを出せないなら意味がない。このデータ分析プロジェクトは進める意味がない。投資対効果が悪い」というような判断をされることもあります。これは非常に大きなプロジェクトリスクで、この認識合わせや解釈の仕方は、必要に応じてプロジェクト開始段階で行っておくのがよいでしょう。

そもそも、データで提供できることは、意思決定材料の一部に過ぎず、人間の洞察力を補完するものに過ぎない

　そもそもデータ分析自体で、意思決定に必要な定性的問題を解決したり何らかの洞察を導くのは困難です。データ分析結果は必然的に意思決定材料の一部になります。分析に必要なデータが収集できるとも限りません。

　また、データ分析は全て、何らかの前提条件に基づいています。例えば、次のような前提条件です。

- 過去3年分のログデータから判断すると……
- ユーザーが同じ利用状況を続けるとすると……
- 昨年と同程度の景気だとすると……

　……というように、暗示的であれ明示的であれ様々な前提条件下で行われます。

　これを理解せず、データ分析に対する過剰な期待から、都合よく解釈してしまう、ということが往々にして発生します。そうなると、もう意思決定に有益なものではなくなってしまいます。

ビッグデータの前にスモールデータでの分析、高度な分析手法の前に基礎分析はできているか

　意思決定者側は、データ分析に強い期待を持っています。これまで自分の頭で考え付かなかったものが出てくるだろう、と思っている人は多いです。

ただ、期待を高く持ち過ぎてしまう人（企業）は、概して手元の基礎的なことをほとんどやっていません。

　一定の投資を行っている場合、成果を出さねばとはやる気持ちは理解できます。しかし、今すでにできることを丁寧に行うことを無視してはいけません。

　以下は、そういったはやる気持ちをおさえるための事前チェックリストです。

- 秒単位、分単位のデータ分析以前に、日次のデータ分析はできているか？
- 新たなデータを収集・購入する前に、現在のデータでやれることはやったか？
- ソーシャルメディアなど莫大なデータの可視化の前に、社内のログデータの分析は行ったか？
- 機械学習を試してみる前に、統計的手法でのアプローチはとったのか？
- 新たにツールやプラットフォームを導入する前に、社内の営業データのシンプルな可視化はしているのか？

5-6

Q データはあるはずなのに、分析者が 答を教えてくれずモヤモヤします。 言い切ってくれないのはなぜですか?

A データ自体に改善の余地がある場合と、予測には不確 実性がつきものだと把握するということが重要です。

Garbage in, garbage out

データ分析の領域において、"Garbage in, garbage out"（ゴミからは、ゴミしかうまれない）という言葉があります。

これは、純粋なデータという素材そのものの質が良くなければ、いくら手を尽くしても質の良い結果は得られない、という意味です。データを使って分析や可視化を進めていても、アウトプットを出しづらい（つまりGarbage out）と感じる時、データの質が一つの原因になっていることは多いです。

データ分析の過程においては、出したいアウトプットや出したい解に対して制約があることがほとんどです（これを解決に導くのが、データ統合やデータ収集の戦略、データクレンジングです）。

普段、データの実務に関与していない人は、「データはある」と思いがちです。しかし、そのデータの質、つまり自分が理解・予測したい対象に対しどの程度適切なデータかまで、確認できていないことがほとん

どです。

　まずは自社にあるデータを、自分たちがやりたいことができるデータなのか、自社あるいは外部の専門家らに評価（アセスメント）してもらうとスムーズです。

予測に不確実性はつきものである

　現場では、売上予測や需要予測など、なんらかの予測をするためにデータ分析を行うことが多いでしょう。これらの予測に不確実性はつきものです。

　データ分析は、「現在社内にあるデータを高度に分析すれば、将来を正しく予測する正しい値が出る」というものではありません。

5 - 7

 **正しいデータの格納場所すらわからず、
あっても活用できる状態ではありません。
どうしたらいいのでしょうか？**

A データ統合をまず先に進めてしまうのがおすすめです。

データ統合とは？

データ統合とは、異なるソースから収集されたデータを一つの統一された形式にまとめるプロセスです。データ統合の目的は、データの一貫性と一元化を確保し、データの品質を向上させ、統合されたデータを活用して意思決定や分析を行うことです。データ統合を行うことで、次のようなことが実現できるようになります。

- データの所在がすぐにわかる
- いつ、誰でも、必要なデータを取得（アクセス）できる
- データ収集、データ加工の工数がなくなる
- データの品質が担保され、正しいデータで分析・意思決定ができる

しかし、データ統合は容易ではなく、同じ会社の中でも、部署間でシステムやフォーマットが異なるということが多々あります。

例えばデータ統合されていない組織で売上レポートを作成する場合、次のような手順を踏む必要があります。

①レポート作成者が、独立したシステム（データベース）から売上データをダウンロード
②レポート作成者が、データ管理者にデータ取得依頼メールを出す
③データ管理者が、最新データを取得し、レポート作成者へデータを送付する
④レポート作成者が、集めたデータを分析可能な形に加工する（Excelマクロ駆使）
⑤レポート作成者が、加工したデータを使ってレポートを作成する

　データ統合を進めることで、担当者はデータ分析の作業に専念できます。次のようなシンプルな手順になります。

①レポート作成者が、統合データベースから分析に必要なデータを

― データ統合前の作業フロー

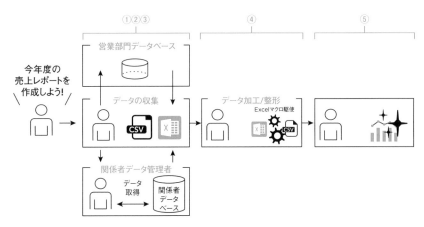

— データ統合後の作業フロー

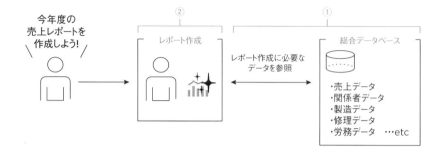

今年度の
売上レポートを
作成しよう!

② レポート作成

レポート作成に必要な
データを参照

① 総合データベース

・売上データ
・関係者データ
・製造データ
・修理データ
・労務データ …etc

探す

②レポート作成者が、1のデータを使ってレポートを作成する

データ統合は次のような手順で進めることが一般的です。

データ統合の手順

■ データの評価と整理

統合するデータを評価し、必要なデータを特定します。不要なデータ
を取り除いたり、欠損値を処理したり、データ形式を統一したりする必
要があります。

■ データのマッピング

異なるデータソースのデータを統合するために、データのマッピング
を行います。データ要素を関連づけるためのルールや、対応関係を定義
する作業です。フィールド（列）マッピング、データ型マッピング、値
のマッピングなどがあります。

■ **データの整形**

データの形式や構造を統一するために、データの整形を行います。例えば、異なるデータベースのフィールド名を統一する、日付の書式を統一するなどの作業が含まれます。

■ **データの統合**

マッピングと変換が完了したデータを統合します。データベースやデータウェアハウスなどの統合ツールを使用して、データを結合させます。Excel、データベース、クラウドなど様々な場所に散在するデータを一箇所に集約していきます。集約にあたり特に重要なポイントが2点あります。

1. **データを集約するプラットフォームを選定する**：集約先のプラットフォーム選定を行いましょう。統合するデータを評価し、いくら品質を上げても、集める場所がなければデータを統合できません。代表的なプラットフォームとしては、次のようなものがあります。

- GCP（Google Cloud Platform）
- AWS（Amazon Web Service）
- Microsoft Azure

2. **集約したデータを辞書化する**：集約したデータは辞書化しましょう。この辞書は一般的にデータカタログと呼ばれます。データを統合しても、参照したいデータがどこにあるのかわからなければ、すぐに分析に着手することができません。データカタログ機能はプラットフォームのサービスの一部として提供される場合が多く、これ

を有効に活用しましょう。データカタログを構成する要素は統合したデータのメタデータになります。メタデータとは実データの付帯情報のことで、具体的には次のようなものを指します。

- データの名称（家電売上）
- データの説明（何年度の家電製品売上データか）
- データ形式（.xlsx）
- データを作成した組織（営業部門）
- データ作成者（佐藤 太郎）
- データ作成者の連絡先（xxx-xxxx-xxxx）
- データ作成日（xxxx年xx月xx日）

売上データにこれらのメタデータが付帯されていれば、売上データを参照したい誰かが"売上"や"家電売上"等と検索するだけで、上記データがヒットし、簡単に参照することができます。統合後の運用も考えて、統合するデータにはメタデータを付与しておきましょう。

— データ統合基盤への集約イメージ

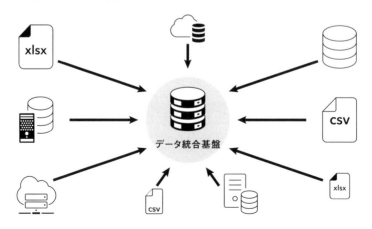

■ データの品質管理

　統合されたデータの品質を確認し、問題があれば修正します。データの正確性や一貫性を確保するために、品質管理の手法を適用します。

■ データの検証とテスト

　統合されたデータを検証し、テストします。データの一貫性や統合後の予測結果などを確認し、問題がないことを確認します。

データ統合の費用対効果は高い

　実際にデータ統合をしたくても、「コストがかかりそうで手をつけられない」と考える方も多いでしょう。確かに実現までの人月コストはかかります。しかし、統合したデータ基盤を上手に活用していけば、ROIは高まります。

　仮に、データ分析者やレポート作成者のデータ収集・加工にかける工数を1人日とすると、毎月1回これらの作業を行う人が20〜30人いるだけで1人月です。しかし、データ統合によって、この1人月を削減できるとしたら、データ統合基盤の構築に6人月かかったとしても、数ヶ月で元が取れるでしょう。

　大きな規模であればあるほど効果もスケールしていき、組織全体としての生産性が高まっていきます。

5-8

Q データ分析の精度はどこまで
高めるべきで、どのように
高めるものですか？

A 精度100%を目指すとプロジェクト自体が失敗してしまうことが多いです。価値のあるプロジェクトにするためのポイントを紹介します。

モデルの精度向上率は、費用に対して逓減していく

データ分析で予測を行う際に、その「精度」がよく取り上げられるテーマです。

しかし、精度100%を目指してしまうと多大なコストがかかります。データ分析における費用投下はほとんどがスキルのある分析者にかかる費用ですが、時間やお金をかければ精度が上がるというものではありません。

重要なのは、**精度を無限に高めようとするのではなく**（そもそも精度100%はあり得ない）、**どの程度まで高めるのが実用的かつ現実的かということを考えること**です。

また、モデルが一旦完成までいっても精度自体は徐々に下がるため、こういったプロジェクトの際にはそれを見越した投資判断が必要です。

精度を高めるアプローチ

　精度を高めることを考える際、行き着くところは以下のようなポイントであることが多いです。例えば次のような観点です。

- 現在保有しているデータで予測したい値をどの程度説明できるか
  （需要予測は経済的な動きや競合他社の動きなどコントロール不可、入手難のデータが与える影響が大きい等）
- 現在のデータの質
- 適切な分析手法の選択
- モデルの質

　精度向上にあたっては、安易に頭数（動員リソースの数）を増やすのではなく、データ自体の質を上げることを考えてみることもおすすめです。

5-9

Q 広告施策の最適な予算配分を
出せるデータ分析はありますか？

A 「マーケティングミックスモデリング」という方法があ
ります。古典的・伝統的なアプローチですが、予算配
分を考える時の判断の材料になります。

　Facebook広告、LINE広告、Google、Yahoo!などに広告を出稿した
り、併せて折り込みなどのオフライン広告を行っても、「どの媒体にい
くら費用をかけるのがもっとも良いのだろう……」「どうやったら広告
予算配分の最適化ができるのだろう……」と悩んでいる方は多いでしょ
う。

　どのような業界であれ、広告（デジタル広告、オフライン広告問わず）の予
算を最適に配分したいですし、「同じ予算を持っていればもっとも効果
の高い媒体に予算を投入し、無駄をなくしたい」と思うでしょう。それ
を最適にしていくことこそがマーケティング部/デジタルマーケティン
グ部のミッションである企業もあるでしょう。

　「マーケティングミックスモデリング」とは、様々なマーケティング
施策が売上に与える影響を統計的に分析する手法です。各施策の売上に
対する影響度や相互関係を推定することにより、マーケティング全体で
の投資配分の最適化を行います。

　プロダクトやサービスがデジタルにシフトしマーケティング施策が複
雑化している今、特にこの広告の予算配分は、テーマとして今後も大き

な課題になっていくものと考えます。

マーケティングミックスモデリングとは？

マーケティングミックスモデリングとは、一言で言うとどの要因がどれだけ売上データに寄与したかを推定するものです。

マーケティングミックスモデリングを行うことで、既存の広告予算配分からより効率の良い広告に配分し、新たな予算枠に別の媒体の企画を考えることもできます。

これを実現するためには、マーケティングミックスモデリングを理解する必要がありますが、全てを一度に理解するには難しいものです。そこで、ここでは、マーケティングミックスモデリングを理解するのに外してはいけない重要なポイント4つを紹介します。

マーケティングミックスモデリングの重要なポイント 1.広告予算の配分を、過去のデータを教訓にチューニングする方法である

マーケティングミックスモデリングは、オフライン広告、デジタル広告（オンライン広告）問わず広告予算の最適配分を考える分析手法です。過去の広告データや売上データを分析し、広告間の影響や媒体別の広告出稿が全体のマーケティング施策の中でどの程度効果があり、影響があるのかを分析するものです。

多くの会社では次のような質問が日々飛び交っているでしょう。

「どの媒体がもっともROIが高いのか？」

「あと1,000万円、TVCMに追加で投入していたらどうなっていたのか？」

「競合のキャンペーンで大きな影響があったのはどれか？」

「オフライン広告よりオンライン広告の方が効果が高いのか？」

マーケティングミックスモデリングは、このような問いに対して考える一つの視座を作るものであり、限られた広告予算から最大の成果を得ることを目指すものです。

「マーケティングの4P」をご存知の方も多いかと思います。

■ マーケティングの4P

- Product（製品）
- Price（価格）
- Place（流通）
- Promotion（プロモーション）

いわゆるマーケティングセオリーの基盤となるものであり、どれがビジネスをうまく導いているのかを考える要素でもあります。

マーケティングミックスモデリングは、これらそれぞれの要素からどの程度成果が出せたのかを決定づけたり、今後の効果を予測し最適化していくという意味において、この4Pの理論と強く関わっています。

マーケティングミックスモデリングの重要なポイント 2.オフライン広告/デジタル広告相互の影響を加味して分析する

マーケティングミックスモデリングは、ざっくり言うとマーケティングの時系列データと売上を使った分析です。広告のタイプとして、デジタル広告とオフライン広告がありますが、マーケティングミックスモデリングは、これらの相互の影響も分析します。次の図表は、デジタル広

― デジタル広告・オフライン広告

デジタル広告	オフライン広告
コンテンツマーケティングなどの検索エンジン、PPC（Pay-per-click）、メール、SNS広告、アフィリエイトなど	印刷物、新聞、雑誌、TV、ラジオ、DM、カタログ、電車内広告など

告・デジタル広告それぞれの例です。

　マーケティングミックスモデリングでは、総売上高をベースとインクリメンタルと呼ばれる2つの部分に分けて考えます。ベースとは、広告なしでも稼得できた部分であり、インクリメンタルとは、広告投下の影響がある部分です。

　マーケティングミックスモデリングを構築した後の効果の例としては、ちょうど次のようなイメージです。

　マーケティングミックスモデリングを用いて広告予算配分の最適化を行うことで、予算を変えることなく売上の改善を目指します。

― マーケティングミックスモデリング構築後の効果

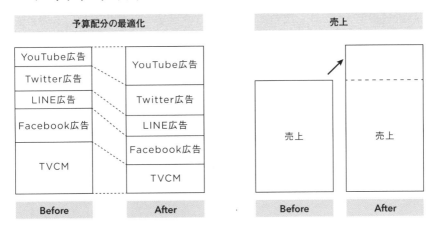

マーケティングミックスモデリングの重要なポイント 3.マーケティングミックスモデリングは数学的処理をベースとする

　マーケティングミックスモデリングは、売上に影響する要因と思われるデータを記録し、それを構造方程式モデリングや多重回帰などの数学的処理をして、どの要因が、どれだけ売上に影響したかを推定します。

　一般的には売上をターゲットに、製品/サービスの価格、TVCMへの支出、キャンペーン費用、雑誌広告、デジタル広告などの過去のデータを使って将来の良い判断に活用するものです。デジタル広告であれば、ウェブサイトの訪問者数やエンゲージメント数なども取り入れます。

マーケティングミックスモデリングの重要なポイント 4.異なるタイプのデータを必要とする

　精度の高いマーケティングミックスモデリングを構築するために、通常は、種類の異なる下記のようなデータを必要とします。データの粒度としては、最低日次データでなければ厳しいというのが正直なところです。

■製品やサービスのデータ

　製品や提供しているサービスのデータは、それらの価格情報とともに必要です。そして、どれが売れてどれが売れなかったかのデータなども必要です。ローンチしたばかりだから売れ行きが悪いのか？など、これらのデータは製品やサービスを多面的に理解する際に必要になります。

■キャンペーンのデータ

「何日間キャンペーンやプロモーションをしたのか」など、キャンペーンの種類などのデータです。イメージしやすいものでは、配送料無料、キャッシュバック、ポイントバック、などがあるでしょう。

■広告のデータ

広告がどの程度効率的だったのかを計測します。TVであれば、GRP※が一つのメソッドになるでしょう。新聞、ラジオ、雑誌などもこちらに入ります。最近ですと、デジタル広告の比重も高く、各SNS広告の支出データなども入ります。

広告のデータは、通常社内のマーケティング部か、もしくは外部パートナーで使っている代理店が持っています。

■季節性が理解できるデータ

季節性、シーズナリティと言いますが、年末年始、クリスマス、夏季休暇シーズンなどに加え、こちらには休日や祝日のデータも入ります。

■地理データ

ショップなどがある場合、その場所がわかるデータが必要です。都道府県、郵便番号なども入ります。

■マクロ経済データ

インフレ率やGDP、失業率などのデータです。

■売上データ

売上を変数に入れなければマーケティングミックスモデリングは実現

※ GRP：Gross Rating Pointの略。一定期間に放送されたテレビCMの視聴率を合計したもの。

できません。数量の場合もありますし、総額で考える場合もあります。

マーケティングミックスモデリングの始め方の4ステップ

上記の通り、全てを理解し実際ご自身の部署だけで完結させたり、全てを一人でやろうとすると現実的には大変です。しかし、自社でマーケティングミックスモデリングをスタートしようとしている場合、行うべきステップを紹介します。

■1.問い/ゴールを設定する

ゴールの設定を行うことで、そのゴール、つまり今抱えている「問い」に答えるためにはどの程度のデータが必要になるのか、ということを逆算できます。

もちろん、マーケティングミックスモデリングの目的は広告の予算配分最適化です。しかしそれに加え、組織としての問い/ゴールの設定を明確にすることが重要です。

例えば次のような問いが部署内の会話でこれまであったはずです。

「どの媒体がもっともROIが高いのか？」

「あと1,000万円TVCMに追加で投入していたらどうなっていたのか？」

「競合のキャンペーンで大きな影響があったのはどれか？」

「オフライン広告よりオンライン広告の方が効果が高いのか？」

このような疑問を整理し、どういった問いに答えていきたいかを整理することで、どういったデータが必要でどれくらい大変になりそうか、それはそもそも実行ができるのかがプランニングできます。

■ **2. 組織内の関係者からのコミットメントとデータへの理解を進める**

データ分析は決して組織内にいる一人の人の分析技術やスキルがあればできるというものではありません。

マーケティングミックスモデリングを構築する際には、統括が異なる組織内のいくつもの場所から大量のデータを収集しなければなりません。ここを突破するために組織内部の人と使用するデータセットに関して調整しておき、加工や処理に必要となる工数を見積もり、スケジュールを組んでおきましょう。

パッと思いつくだけで、下記のような担当/役割の人と調整する必要が出てくるでしょう。

- 広告運用チーム
- 営業
- CMO
- マーケティング部
- CRM部
- 代理店 etc.

分析に使用するデータは広告予算のデータだけではなく売上データ、広告の契約者数、見積もり数、反響数などの変数のデータも必要になります。マーケティング効果の外的要因として季節指標/経済指標なども入れてモデリングを行うため、自社データ以外の外部データも組み合わせ立体的に分析を行うこともあります。

■ **3. 必要なデータのありかと質の確認をする**

マーケティングミックスモデリングにあたり、必要なデータが組織の

どこにあるのかを確認します。また、「データの質」はクリティカルに重要になってきます。他の分析を行うときよりも、マーケティングミックスモデリングを実現するときのデータの質に要求される水準は高いです。

この文脈でのデータの質とは、次の3点です。

- 継続的にそのデータが取れていること
- 構造化されていること
- そのデータが蓄積されるロジックがあること

言い換えれば、これらの質が低い場合には、非常に時間がかかります。加えて、アウトプットの質も、データの質が良い場合と比較して必然的に劣ってしまいます。現実的には、マーケティングミックスモデリングを行いたいと思ったタイミングでは必要なデータは揃っていないことが多く、その場合はデータ収集・取得の戦略策定から入ります。

■4.分析する

収集したデータを合わせ、分析していきます。分析する際には、「データから言えることの限界」を理解しておくのが非常に重要です。

マーケティングミックスモデリングは、それだけを行うサービスやソフトウェアもありますが、根底にあるロジックさえ理解していれば、自身で統計解析ツールや分析ツールを使って行うことも可能です。

手軽なところで言えばExcelでもできますし、各種BIツールや統計ツールでも可能です。次に示したのはマーケティングミックスモデリングを構築するのに活用できるツールの例です。

- **RやPython**：RやPythonなどに習熟していればご自身でロジックを組むことができるでしょう
- **Exploratory**：Rを基盤とした統計解析ツールです。使い勝手が良くマーケティングミックスモデリングにもフィットしていると感じます
- **各種BIツール**：各種BIツールも使えますが、統計的側面が強く、外部連携が必要になるケースもあるでしょう。SAS、Tableau、Power BIなどどれも昨今は機能がリッチです
- **Excel**：Excelでもできることはできますが、データが大量になると非常にストレスがかかるため、力業という印象です。継続的な運用をするならばExcelから脱却した方がよいと感じます

第5章　分析設計・企画

組織でマーケティングミックスモデリングをうまくまわしていくコツ

マーケティングミックスモデリングが活用できそうと思った方のために、組織で最大限にマーケティングミックスモデリングを効率良く使うためのポイントを挙げます。

■1.マーケティングミックスモデリング構築にお金と時間をかけすぎない

上述の通り、マーケティングミックスモデリングは万能ではありません。あくまで過去のデータから推定し、教訓として配分を考えるものです。お金と時間をかけすぎても出てくる示唆に釣り合わないということがないよう、バランスを考えましょう。

225

■2.できる限り内製化/難しければ構築支援のみ外部専門家に託し、運用は組織で頑張るのが理想

お金と時間をかけすぎない、ということとつながっていますが、できる限り内製化が理想です。なぜなら、自社の広告を一番理解しているのは自社の人だからです。

しかし、最初のフェーズの構築や考え方、どのようなデータを使うかというのは極めてテクニカルな部分です。

その意味で、最初だけサポートをもらい、サポートをもらっている期間に自社で頑張ることのできる体制を構築し、アルゴリズムを理解し、その後運用は自社で頑張っていくのがよいでしょう。自社で頑張る場合は下記のようなスキルを備えた方がいないと頓挫してしまいますので注意が必要です。

- 広告と統計に関する基本的な知識と経験
- データ分析に関する知識、各種ツールへの実装力

外部の専門家を入れるにしても、自社でやるにしても、その後の運用が非常に大変な仕事になりますので強いコミットメントがなければ活用できず無駄になってしまいます。

■3.年に2-3回ほどモデル構築を行う

外的な経済環境や季節変動、マクロ的な大きな変化もあるため、見直しや構築は年に数回行いモデリングをするのがよいでしょう。

内部要因、外部要因含め、多数の変数を定量化し分析を行うのがマーケティングミックスモデリングです。**これらは一回モデルを出して終わりではなく、継続的にモデルの精度を高め運用することが重要です。**

■4.あくまで予算配分の判断の補助として使う

　マーケティングミックスモデリングは、精度の高い予測をするものではありません（精度が高い売上予測をしたい場合はLightGBMなど別の手段を使うとよいでしょう）。マーケティングミックスモデリングは予算配分を考える際のあくまで「補助」として使います。マーケティングミックスモデリングが100％正しい回答を持っているわけではないからです。

　マーケティングミックスモデリングと他のツールを使ったり、マーケティングミックスモデリングと他のインサイトを合わせたりして使っていくものです。

5-10

Q 自社でデータ収集していない ソーシャルメディアなどのデータを 使って、分析できますか？

A はい。自社で収集していないソーシャルメディアなどの外部データを使用してデータ分析を行う、ソーシャルリスニングという手法があります。

　ソーシャルリスニングとは、ソーシャルメディア上のユーザーの声を収集・分析し、トレンドや自社ブランドの評価、競合の動向、顧客インサイトなどを理解する手法のことです。

　例えばTwitterでのつぶやきをテキストデータとして収集し、会話によく登場する用語や用語同士のつながりを分析します。

ソーシャルメディア上のユーザーの生の声を収集・分析する手法

　ソーシャルリスニングとはソーシャルメディア上のユーザーの「生の声」を収集・分析する手法のことです。

■対象メディア

　対象となるメディアとしては、次のようなものがあります。

- SNS（Twitter、Instagram、Facebook、LINE、TikTokなど）

- YouTube
- ブログ
- 掲示板
- その他

■ 基本的なやり方

ソーシャルリスニングは、テキストマイニングができる専用のデジタルツール（サードパーティのデータプロバイダ）を使って、ユーザーの書き込みをテキストデータとして収集し、自動的に分析するのが基本的なやり方です。

テキストマイニングとは、膨大なテキストデータを解析して、相関関係やパターンなど有用な情報を発掘する技術です。具体的には、ソーシャルリスニングツールの画面上で、特定のキーワード（例：自社のブランド名）やURL、ドメイン、ハッシュタグなどを指定します。すると、それ

— ツール上の画面例

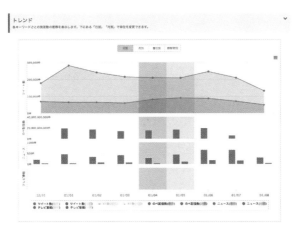

出典：ソーシャルインサイトより

229

らを含むユーザーの声が自動的に収集され、テキストマイニングの結果が可視化されて表示されます。

ソーシャルリスニングは仮説を持たない

別の表現をすれば、ソーシャルリスニングは仮説を検証する意図で行うのではなく、顧客を理解するために耳を傾けます。

多くの場合、私たちは推測し仮説を持って業務にあたっています。もちろん、それはマーケターとして正しい姿勢です。仮説思考は、ビジネスを効率的に進める上で不可欠なスキルです。

しかし、その姿勢はソーシャルリスニングにおいては邪魔となります。ソーシャルリスニングでは、先入観や決めつけ、推測なしに、顧客の生の会話に耳を傾けることに重きがあるからです。

ソーシャルリスニングの後で仮説を立て、戦略を立て、実行していくのが、ソーシャルリスニングの正しいあり方です。

リアルタイムに大量に安くデータが入手できる

リスニングの場として「ソーシャルメディア」が優れている点はもうひとつあります。それは「**リアルタイムに、大量に、安く**」データが入手できることです。

「今、この瞬間」の、世界中の何万人もの人たちの会話が、無料で公開されています。収集・分析するための技術にコストはかかりますが、それを差し引いても、"顧客理解につながる宝の詰まったデータ"を得られる費用対効果は高いと言えるでしょう。

自社と関係ないデータまで広範囲に収集できる

前述の「大量に」とも関係しますが、**自社と関係ない情報を含めて広く収集できる**点はマーケティングの実務上、大変有益です。

顧客の趣味嗜好、興味関心、生活スタイルといった情報のほか、「**競合ブランド**」や「**業界全般**」に対して**ユーザーが何を言っているのか**は、自社の収益に直結することが多い情報です。例えば、競合ブランドに反応するユーザーのデータを見て自社の戦術を変更する、業界のトレンド傾向をいち早くつかんで新製品開発につなげるなどのアクションが考えられます。

ソーシャルリスニングから得たデータをドライバーにして意思決定・施策実行に結び付けることで、顧客理解に主軸をおいたデータドリブンマーケティングが実践できます。

「価格設定」に関する手法や
技術はありますか？

 「ダイナミックプライシング」があります。

ダイナミックプライシングは、商品やサービスの需要に応じて価格を変動させる仕組みです。一言で言えば変動料金制です。わかりやすい例としては、オンシーズン・オフシーズンの航空券価格や学割料金などがあるでしょう。

ルールに基づき変動させるパターンと、機械学習で最適化するパターンがあります。

いずれにしても、需要と供給に応じて価格を変動させることによる利潤最適化が価値になります。

ダイナミックプライシングの特徴

■需要予測と最適価格決定

ダイナミックプライシングでは、需要予測モデルやデータ分析を使用して将来の需要を予測します。予測結果に基づいて最適な価格を決定し、需要と供給のバランスを取ります。需要が高まるピーク時に価格を

上げ、需要が低い時に価格を下げることで、売上と利益の最大化を図ることができます。

■ リアルタイムの価格調整

　ダイナミックプライシングでは、価格をリアルタイムに調整することが可能です。市場の需要や競合他社の価格変動、在庫状況などの要素を即座に反映し、価格を最適化します。オンライン小売業や航空会社、ホテル業界などでは頻繁に使用されています。

■ セグメントごとの価格設定

　顧客セグメントごとに異なる価格設定を行うこともダイナミックプライシングの特徴です。顧客の購買履歴や属性データを活用して個別の価格を設定し、個々の顧客の価値に応じた価格戦略を実施します。

ダイナミックプライシングのメリット

　メリット、デメリットがありますが、実際のビジネスにおいては、事業の特性や市場状況において考慮し、慎重な判断と計画が必要です。

- **収益最大化**：ダイナミックプライシングは需要と供給の変動に応じて価格を調整するため、需要が高まるピーク時に価格を上げることで収益を最大化できます。
- **競争力強化**：ダイナミックプライシングを活用することで、競合他社との価格競争に柔軟に対応できます。需要や競合状況に応じて価格を調整することで、市場シェアを拡大することも可能です。

ダイナミックプライシングのデメリット

- **顧客不信感**：頻繁な価格変動やセグメントごとの価格設定が行われる場合、顧客は価格の一貫性や公平性に疑問を持つことがあります。信頼関係の損失やブランドイメージへの悪影響につながる可能性があります。
- **マーケティング戦略の複雑化**：ダイナミックプライシングを適用するためには、高度なデータ分析や需要予測の精度が求められます。また、価格変動をマーケティング戦略に組み込むための組織的な変化やリソース投入も必要です。
- **競合他社の反応**：ダイナミックプライシングを採用すると、競合他社も価格調整を行う可能性があります。競争が激化し、価格下落のリスクが生じる場合があります。
- **法的な制約**：ダイナミックプライシングは競争法や消費者保護法などの法的制約に適合している必要があります。不正な価格操作や価格差別の疑いがある場合は法的な問題が生じる可能性があります。

過去に起きていないことには対応できない

ダイナミックプライシングでの価格最適化は当然ながら過去データを使っています。なので、今まで発生していなかった事象や前例には対応できないということが留意すべき点ではあります。

■ **活用業界**

ダイナミックプライシングの機械学習における最適化はEC業界や商

社、流通業、旅行業界、小売業界などと非常に相性が良いです。BtoC
やBtoBtoCでの価格設定を広くカバーできるでしょう。

5 - 12

Q 関係者とうまく話をまとめるために、どういったポイントに注意が必要ですか?

A 根回し、説明し尽くせること、期待値調整の徹底がポイントです。

■根回しする

　根回しが重要であることはデータ分析プロジェクトに限った話ではありませんが、データ分析プロジェクトでは根回しが非常に重要です。

　理解していることや前提、使用しているデータへの理解、そもそものデータから解釈・洞察を導く習慣が関係者で全く違うため、根回ししていないと全く話が進まなくなります。

　事前に説明されておいて気分を害する人はいないので、積極的に根回ししておくべきです。

　データから出てくる結果は容赦ないことがありますので、プライドを傷つけないようにするためにも重要です。

根回しはどういう役職の人にどのようなことをすれ ばいいか?

■ステークホルダー

プロジェクトに関与する部門のマネージャーや上級管理職など、プロジェクトの成果に関心を持つ人々とコミュニケーションを図りましょう。

プロジェクトの目標やビジネスの課題、期待される成果について説明し、彼らの支援や関与を得ることが重要です。

■データオーナー（データの所有者）

プロジェクトに必要なデータを保有している部門やチームの責任者と連携しましょう。データのアクセスや品質の向上、データの統合などの面で協力を仰ぎ、プロジェクトのデータ要件を明確にすることが重要です。

■データサイエンティストやアナリスト

プロジェクトのデータ分析に関与する専門家たちと密接に連携しましょう。プロジェクトの目標や課題に基づいて適切なデータの収集・分析手法を選定し、データの解釈や洞察の共有を行います。

■IT部門

データ分析プロジェクトにおいては、IT部門のサポートが重要です。

データの収集・保存・処理・セキュリティなどの技術的な側面に関して、IT部門と協力し、適切なインフラストラクチャーを整えることが

必要です。

■プロジェクトマネージャー

プロジェクトの進行管理やコミュニケーション調整を担当するプロジェクトマネージャーと密接に連携しましょう。プロジェクトの目標やスケジュール、リソースの管理、リスクや課題などを共有し、プロジェクトの円滑な進行を図ります。

■説明し尽くせる力

説明し尽くせる力とは、次のようなことに即答できる力のことです。

- 仮説は何か、なぜこのデータを使ったか
- 他の手法ではなく選択した手法を使った理由
- 分析結果から何が言えるか
- 分析結果から言い切れないことは何か

このような質問に説得力を持たせて説明し尽くせることによって、関係者の理解を得られるようになり、プロジェクトが円滑に進むようになります。

■期待値を調整する

社内の分析プロジェクトであれ、外部の力を借りたプロジェクトであれ、データを使ったプロジェクトにおいては、期待値の調整、期待値のコントロールの徹底は何より重要です。

なぜなら、依頼主がデータ分析に過度な期待をしていることが多いためです。説明し尽くせる力と関連しますが、データ分析でできること・できないことを関係者に説明し、期待値を調整することが必要です。

プロジェクト前に期待値を確認し、その実現可能性や投資対効果について しっかり議論を詰めておくことがおすすめです。

5 - 13

Q 構築したデータ分析基盤や
分析・可視化を使ってもらうためには、
何をしたらよいですか？

 A 様々なアプローチがあるので、具体例を紹介します。

　実務経験の中で功を奏してきたアプローチとしては、次のような方法があります。このような地道な活動は、即効性はないものの、中長期的には大きく効いてくるものです。一つ一つ具体的に紹介します。

- 社内オリジナル資格の創設・評価体系への組み込み
- 定期的なワークショップや勉強会の開催
- 研修
- 各種操作マニュアル作成と社内展開
- 社内でのメールマーケティング※

社内オリジナル資格の創設・評価体系への組み込み

　データ活用に積極的に取り組む企業で行っている一つの例は、社内でデータに関する資格をオリジナルで作ることです。そして、これを人事

※ メールマーケティング：メールマガジン、メール広告、ステップメールなどのメールを使ったマーケティング活動のこと。

制度にも関連づけたりします。

　この資格を昇進・昇格の必須条件とするというやり方もあります。そこまでいかなくとも、基礎レベルのものは全社員必須受講などとしている例もあります。

　内容としては、データ分析や統計の基礎から、BIツールのスキルをはかるオリジナルの試験を会社内で作るものです。多くは、データ関連の部署が立ち上がって作っています。

　いずれにしても、最低限の資格合格や研修受講を必須とし、知識の下限を設定している企業は多いです。

定期的なワークショップや勉強会の開催

　実務経験上、一番効果があると感じているのはこちらです。

　データを見て自然に理解するための一番の近道となるのは、**「継続的にデータに触れる環境を作る」** ということが**重要**であるため、ワークショップや勉強会はその環境を比較的簡単に作れるのでおすすめです。

　これらの施策には様々なスタイルがあります。研修スタイル、輪読会、ワークショップ形式のようなものがあります。外部の力を借りるものもあれば、内部のみで行えるものもあるでしょう。

　具体的には次のようなものがあります。

- 毎週/隔週で2〜4時間確保し、データやデータ分析ツールに関する疑問にその場で回答する人を設置する
- あるテーマに関する課題を出しておき、1週間後に議論し、分析をしながら会話する
- ある任意の分析ツールやデータ分析基盤の使い方などのティップスをまとめ、週1などで共有する

- 組織で使っている分析ツールや分析ソフトのアップデート情報など を技術的に共有するワークショップを開く
- スキルレベルの高い人がレビュアーとなり、分析や可視化をレビューする時間をとる
- 事業部門などと連携して、分析・可視化の状態や最近の課題を聞く ワークショップを定期的に行う

　これらは社内だけで行おうとするとかなりの時間を要するので、外部委託している企業が多いです。即効性や劇的な効果がありそうなことをやりがちですが、こういった継続的な草の根的活動はデータへの意識を薄れさせないために極めて重要であり、続けること自体に価値があります。

研修

　データに関連する研修には様々なものがあります。
　最低限受講しておいた方がよいものは、自社で導入するツールやプロダクトに関するものです。
　例えば、新たなBIツールの導入の際に、導入（購入）しただけでは「この処理はどの画面でやるんだっけ……」「コメントはどう入力するんだっけ……」と右往左往してしまい時間を無駄にすることになります。
　研修は高額になることが多いですが、そのツールの研修を受けると体系的に学べるので、最初の段階で受けておくのがおすすめです。

各種操作マニュアル作成と社内展開

　こちらは何らかの分析や可視化を行った際に、それらをどのように見

ればよいかわかるマニュアルです。これらは動画であることもあります
し、PowerPointやWordの資料に情報が落とされていることがありま
す。

　趣旨としては、ユーザーは突然可視化や分析したもの、ダッシュボー
ドなどを渡されても、どのようなデータを使ったどのような目的の分析
で、何ができるのかわからないものですので、理解するための階段の1
段目というイメージです。

社内メールマーケティング

　こちらは会社によりますが、日常的に受信する会社の総務からの各種
お知らせと同様に、社員のデータで行っている活動や取り組み、新たな
データの情報などをメールし続けることです。

　社員は普段、日常業務で忙しいことがほとんどですので、よほど何ら
かのデータに強い関心がないと自分から情報を取りに行ったりすること
はないでしょう。

　そんな時、メールは地味に見えますが強力な手段です。以下のような
お知らせメールを定期的に、適切な社員に送るという活動です。

- 新しいデータの種類
- 新しい可視化、示唆
- 経営指標の分析、可視化

ユーザーフォーカスのUI設計

　ユーザビリティを重視したデザインを採用し、ユーザーがシステムや

ツールを使いやすいと感じるようにしましょう。インタラクティブなダッシュボードや直感的な操作性を提供することで、ユーザーの使いやすさを向上させます。

ユースケースの共有と成功事例の紹介

成功したデータ分析や可視化のユースケース、事例を社内で共有しましょう。これにより、他の部門やチームに活用のイメージを与えることができ、利用の促進につながります。

例えば、以下のようなものです。

- マーケティング効果の分析
- 顧客データを使った顧客セグメンテーションやパーソナライズされたマーケティング施策
- データ分析・可視化による製品・サービスの品質改善
- 市場トレンドを分析した販売予測と需要予測
- 物流プロセスなどを可視化したオペレーションの最適化

サポートとヘルプデスクの提供

ユーザーが疑問や問題を抱えた場合に、迅速かつ効果的なサポートを提供することが必要です。ヘルプデスクや専門家へのアクセスポイントを設け、ユーザーの不安や課題を解消するサポート体制を整えましょう。この点は忘れられがちですが、継続的な改善のため、非常に重要です。

次のような具体的な体制や手法もおすすめです。

■ヘルプデスクチームの設置

　ヘルプデスク担当者を配置し、ユーザーからの問い合わせやサポート依頼に対応する専門チームを設けます。ヘルプデスクチームメンバーには適切なトレーニングの受講、データ分析基盤や分析・可視化ツールに関する知識と技術が求められます。

■サポートチャネルの提供

　ユーザーが問題や疑問を報告するための適切なチャネルを提供します。一般的なチャネルとしては、電子メール、電話、オンラインチャット、チケット管理システムなどがあります。ユーザーが利用しやすい形式を選択しましょう。

■SLAの設定

　サポートにおける応答時間や解決時間などの基準を明確に定義し、SLA（Service Level Agreement）を策定します。これにより、ユーザーへのサポート品質や効率性を確保することができます。

■ナレッジベースの構築

　よくある問題や解決策、ユーザーからのよくある質問などをまとめたナレッジベースを構築します。これにより、ユーザーが自己解決するための情報を提供し、ヘルプデスクの負荷を軽減します。

■ユーザーフィードバックの収集

　ユーザーからのフィードバックを積極的に収集し、サポートの改善に反映させます。定期的なアンケートやフィードバックセッションを実施し、ユーザーの意見や要望を把握しましょう。

■ドキュメンテーションとトレーニング資料の提供

　システムやツールの利用に関するドキュメントやトレーニング資料を作成し、ユーザーが必要な情報にアクセスできるようにします。わかりやすいマニュアルやチュートリアルを提供し、ユーザーのスキル向上を支援します。

■持続的な改善とフィードバックの収集

　ユーザーからのフィードバックを積極的に収集し、システムやツールの改善に反映させましょう。ユーザーの意見や要望を取り入れることで、ユーザー満足度を向上させ、利用の促進につながります。

5-14

Q データ分析や社内のデータに関する
情報を一箇所で管理したいのですが、
どのような要素があるべきですか？

A 最初から必要な情報を全て揃えることはできないです
が、まず最初のとっかかりとしては、専用サイトなど
を立ち上げ、最低限必要な情報や要素から入れていく
とよいでしょう。

データ活用がある程度進んでくると、次に既存の業務の効率化や標準
化が課題になってきます。

情報の集約に関しては、データに関する社内ポータルサイトのような
ものを作り、そこに情報を載せ、社員がアクセスしやすくなる仕組み作
りをし始めると、さらに加速してうまく進むことが多いです。

これらにどのような情報を入れ、どう使うかは企業により千差万別で
すが、ここでは、最低限のスタートラインとして入れておくとスムーズ
に立ち上がるであろう要素を紹介します。

- 組織のデータを使った分析のユースケース
- 他部署におけるデータ分析・可視化例
- 事務手続き（分析用ソフトウェアライセンスや権限設定、購入などの）方法
- 問い合わせ先（不具合/障害対応、要望、その他）
- （社内でデータを共有できる基盤が整備されていれば）データ分析や可視化の
  更新情報
- データ分析や可視化のリリース情報

- スキルアップのための自主学習研修コンテンツ（教材、学習プランなど）
- 分析のベストプラクティス、ティップス集
- よくある質問や用語集

第 **6** 章

データ可視化

新たなものを使ってもらうには、
認知が必要

本章では、データ分析を経て可視化の段階まで
進んだときに起きる課題や問題、質問に答えます。
即効性のある特効薬のようなものはありませんが、
確かな指針にはなるはずです。

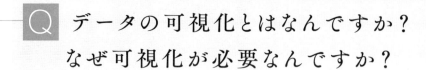

6-1

Q データの可視化とはなんですか？
なぜ可視化が必要なんですか？

A データの可視化とは統計的に把握できないことを把握できることで、それによって大量のデータの特徴を短時間で理解できるようになります。

統計的に把握できないことを把握できる

これをすぐに理解していただくためには「アンスコムの例」(Anscombe's quartet) が一番でしょう。

こちらは、4つのグループ (A,B,C,D) のデータを並べた表です。

― データセット

Group A		Group B		Group C		Group D	
x	y	x	y	x	y	x	y
10.00	8.04	10.00	9.14	10.00	7.46	8.00	6.58
8.00	6.95	8.00	8.14	8.00	6.77	8.00	5.76
13.00	7.58	13.00	8.74	13.00	12.74	8.00	7.71
9.00	8.81	9.00	8.77	9.00	7.11	8.00	8.84
11.00	8.33	11.00	9.26	11.00	7.81	8.00	8.47
14.00	9.96	14.00	8.10	14.00	8.84	8.00	7.04
6.00	7.24	6.00	6.13	6.00	6.08	8.00	5.25
4.00	4.26	4.00	3.10	4.00	5.39	19.00	12.50
12.00	10.84	12.00	9.13	12.00	8.15	8.00	5.56
7.00	4.82	7.00	7.26	7.00	6.42	8.00	7.91
5.00	5.68	5.00	4.74	5.00	5.73	8.00	6.89

このデータセットは、XとYの2つの数値が組になって、1つのデータを表します。それが11組集まって、1つのグループを構成しています。この4つのグループは、それぞれどんな傾向のあるグループと言えるでしょうか。

数字の羅列から傾向を読み取るのは難しいです。こういう場合、グラフや数字を見て、「グループAよりもBの方が大きい数字が多い」とか「グループBよりもグループCの方が散らばりが大きそう」などは言えますが、それらは曖昧で主観的です。もっと客観的に傾向を把握する方法はないでしょうか。

こういう場合に使える最強のツールが統計です。統計処理することで、それぞれのデータの傾向を客観的に把握できます。この4つのグループの統計量を計算してみましょう。

― 基本統計量

統計量	値
xの平均	9（正確に一致）
xの標本分散	11（正確に一致）
yの平均	7.50（小数第2位まで一致）
yの標本分散	4.122or4.127（小数第3位まで一致）
xとyの相関係数	0.816（小数第3位まで一致）
回帰直線	$y=3.00+0.500x$（それぞれ小数第2位、小数第3位まで一致）

4つのグループの平均、分散、相関係数、回帰直線などの基本統計量は、全部同一です。これらはすべて、客観的に見て同じ傾向のデータだった、と結論づける前に、これらのデータを散布図で表示したのが、次の図です。

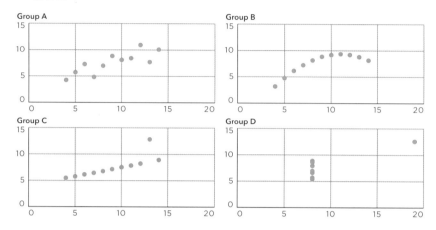

— **散布図**

実は平均、分散、相関係数などが完全に同じなのにも関わらず、こんなにも傾向が異なるデータだったのです。

これが何を意味するかと言うと、「平均、分散、相関係数などの基本統計量だけでは表せないデータの傾向がある」ということです。また、基本統計量だけでは表すことができないデータの傾向を、データ可視化によって把握することができる場合があるということです。

ここまで傾向が異なるのであれば、とるべきアクションや、次に何をすべきかを考えるためのアイデアは確実に変わってくるはずです。実際にビジネスの現場では、数字だけしか見ていなかった結果、的外れな意思決定をしてしまうというリスクは多分にあります。

統計はデータの傾向を客観的に把握することができる、非常に強力なツールです。しかし、統計によって把握できないデータの傾向というものが、確かにあります。これこそが、データ可視化が必要な、最も本質的な理由の1つです。

ちなみに、このデータセットは、イギリスの有名な統計家、Frank

Anscombe氏が「Anscombe's Quartet」として、視覚的表現の重要性を説くために作成したデータセットです。

Q データ可視化をしたのですが、
全く使われていません。
何が問題なのかわかりません。

A データ可視化後、ツールや仕組みが使われない場合、
以下のような問題がある場合が多いです。具体的な対
策案と一緒にまとめます。

コミュニケーションの不足

データ可視化の重要性や利点について、関係者や上司とのコミュニケーションが不十分だった可能性があります。データ可視化の効果や役割を明確に説明し、関係者がその重要性を理解する必要があります。

■**施策・アクション例**

- 社内月次定例などでの説明、発表、成果の共有
- 定期的なメール配信（メールにデータを貼付できれば理想的）
- 社内チャットでの連絡
- 社内Wikiなどへの掲載
- ワークショップの実施
- ユーザーインタビューとフィードバックの収集
- コミュニケーションチャネルの確立

適切なツールやプラットフォームの欠如

　会社がデータ可視化に適したツールやプラットフォームを十分に提供していない、もしくはライセンスを持っていないことがあります。これは、言われると当たり前のようですが、意外にここでストップしていることも多いです。

■ **施策・アクション例**

- ツールの導入・トレーニング
- カスタマイズと拡張（導入したツールが特定の要件に対応しない場合）
- 普及と啓発のための活動

データ品質や可視化の質の問題

　データの品質や可視化の質が低い場合、関係者がそれを信頼せず、活用しない可能性があります。データ品質の向上や可視化の改善が求められます。

■ **施策・アクション例**

- データ品質管理の強化
- データ品質のモニタリングと評価
- データ可視化のデザインと効果的な情報伝達
- ユーザビリティの向上（ユーザビリティを重視したデータ可視化の開発）
- コラボレーションとフィードバックの促進

需要やニーズの不明確さ

　関係者の需要やニーズが明確に定義されていない場合、データ可視化の価値や意義が十分に伝わらない可能性があります。関係者の要求や期待をヒアリングし、それに合わせた提供が重要です。

■ **施策・アクション例**

- ユーザーインタビューやフィードバックセッションの実施
- プロトタイピングと評価
- チーム間のコラボレーションと共有
- 継続的な改善と追跡

データ文化の不在

　会社全体でデータに対する文化や意識が浸透していない場合、データ可視化も活用されず、見過ごされることがあります。データ文化の醸成やデータ利活用の重要性を強調するための教育やトレーニングが必要です。

■ **施策・アクション例**

- データ教育とトレーニング
- データのアクセスと共有の促進
- 成功事例の共有

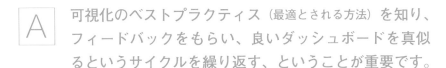

Q 見栄えが良い、綺麗なダッシュ
ボードを作れません。
どうしたらよいですか？

A 可視化のベストプラクティス（最適とされる方法）を知り、
フィードバックをもらい、良いダッシュボードを真似
るというサイクルを繰り返す、ということが重要です。

データ可視化やダッシュボード（264ページ参照）のレベルを上げたい人
は、次の2点がおすすめです。

- ベストプラクティスを知る
- フィードバックをもらう

ベストプラクティスを知る

まず、見栄えが良い／綺麗だと言われるダッシュボードや可視化を作
れないのは、「何が良くて何が良くないのかの判断軸を持っていない」
ことが大きな原因の一つです。これを解決する方法は、ベストプラクテ
ィスやアンチパターン（やってはいけないこと）を知っておくということで
す。この「ベストプラクティス」は様々なものがあり、例えば次のよう
なものです。

■色

原則として、3〜4色までとし、配色比率（ベースカラー、メインカラー、強調カラーの割合）を意識する必要があります。

■テキスト

ユーザーを意識し、必要以上の情報を記載しないことが重要です。

■レイアウト

人間の視覚的意識に基づき、情報の重要度や流れがZやFの形になるように配置します。

■罫線

不要な罫線（消しても問題のない罫線）は削除し、適切な目盛り幅に変更します。

さらに具体性を持たせ昇華させたもののチェックリストを6-8で回答していますので参考にしてください。

フィードバックをもらう

対象の可視化に対し、ユーザーやレビュアーからフィードバックをもらうというステップも非常に重要です。作成者としては、思い入れがあっても、データを扱っていると、どうしてもそのデータの制限の中で考えがちになりますし、集中すると視野が狭くなるものです。それを予防するのがフィードバックであり、フィードバックを受けることは継続的に可視化やダッシュボード作成のレベルを上げる肝となります。

参考までに、実際のプロジェクトでは、次のようなステップが進め方の一例です。

— **ダッシュボード作成のステップ**

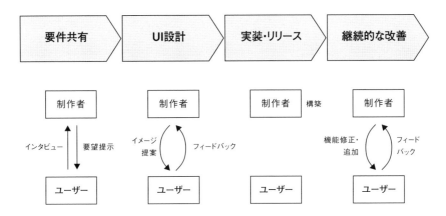

Q データ可視化ツール（BIツール）が 部署ごとに違ったり、複数の種類が 存在しています。統一すべきですか？

A 統一すべきかどうかは、ライセンス費用などの経済的 なコストの観点だけではなく、現在の会社の状況や成 熟度、学習コストなどを踏まえて判断する必要があり ます。

表面的なコストだけに囚われず正しい判断をする ことが重要

　同じ会社の中で、カンパニーや、部署ごとに、複数の種類のBIツー ルを使っていることがあります。こうなっている状況には様々な背景が ありますが、データ統合プロジェクトの際やシステム刷新の際などに会 社としてこの状態を認識し、問題なのではないかと疑問を抱くことが多 いです。

　加えて、社内にユーザーが増えてAというツールのライセンス料が 高くなってきたのでBを部分的に入れるべきかと悩んでいる企業もあり ます。

　この課題を考える論点は大きく4つあります。

1. 純粋なライセンス費用
2. 学習コスト（再学習コスト）

3. 他システムへの影響度
4. 社内調整コスト

■ 純粋なライセンス費用

ライセンス費用はサーバーや使用人数、各種BIソフトウェア会社からの提示金額によるところがあり、なんらかの変数をとって独自にシミュレーションすることがおすすめです。人数や期間、ライセンス費用、どのBIを組み合わせるか、過去のユーザー推移、今後のユーザー推移予測などをベースにライセンス類に関する費用をシミュレーションします。

■ 学習コスト（再学習コスト）

統一するのであれ、新たに導入するのであれ、**現実的にもっとも致命的で重大なポイントはその学習コストやスイッチングコストです**。多くのBIツールは「セルフサービス」（「一人で・自分自身だけで使える」の意）と言えど、ゼロから学習して実用的なレベルにまで到達するには労力を要します。

予算を削減してリーズナブルなものにしたり、統一しようとする場合は、この学習コストのインパクトを考えましょう。学習コストは人的資源のコストなので、これ自体も経済的インパクトと表裏一体です。

一方で、BIツール含め一般的なITツールやソリューション、テクノロジーなどに社員がパッションを持ち、習熟度も高く、知見に富んだCoEやサポートが会社に揃っているということであれば、そこまでハードルは高くないかもしれません。一般的にはツールの新規導入や展開に苦労するということがほとんどですので、経済的コストをなんとか削減しようと無理しすぎないのも重要です。

■ 管理コスト

　一般的に、BIツールはそのツールごとに、利便性の高い、データ共有が可能なプラットフォームを提供しています。もしBIツールを変更する場合、既存のデータアーキテクチャ全体の中で、どういう影響があるのかを確認する必要があります。共有のしやすさや、オペレーションが変わるかどうかなどは事前に確認すべきポイントです。

　特に、統一されたデータ可視化ツールを使用した場合、データセキュリティとコンプライアンス、アクセス制御の観点などを含む管理は、複数のツールを管理する場合と比較すると楽になっているはずです。複数のツールを導入すると、ツールごとに異なるアクセス制御やセキュリティ対策が必要になり、管理が煩雑になる可能性があります。

■ 社内調整コスト

　システム部門長の承認を得る、経営会議に諮るといった社内調整コストが潜在的に存在し、これが大きな内部コストになる場合があります。これを見落としているケースは結構多いのですが、会社規模が大きくなればなるほど大きなタスクとなり、無視することはできないものでしょう。

Q データを分析したり、可視化しても、当たり前のことしか出ません。意味がないように思います。

A データ分析・可視化において、「そうだよね」「すでに知っていた」という当たり前のことを出し続ける価値は非常に大きいです。これまで知らなかった「新たな発見」だけが、データ活用の目的ではありません。

なぜなら、「当たり前」を見続けて初めて、

- その当たり前は当たり前ではなかったことに気づく
- 当たり前の積み重ねで新しい発見が出る
- それが本当に「当たり前」である精度が高まる

……ということがあるからです。

データを分析・可視化しはじめた企業によくある誤解ですが、意外性のあるものが毎日のように出てくるもの、と期待していることがあります。**知らなかったことが出てくることがデータ分析や可視化の価値ではありません。**

そのようなことは稀です。それよりも重要なことは普段から自社のデータを丁寧に、毎日、当たり前を確認し続けることです。異変や違和感も、当たり前を見続けていないと気づかないものです。

6-6

Q 情報を一元的に把握したり、
定期的なレポートの工数を減らしたい
です。どうしたらよいですか？

A データ可視化の手法の一つに「ダッシュボード」と呼ば
れるものがあります。ダッシュボードは多くの情報や
データを一つに集約した画面のことで、リアルタイムに
データを反映させたり、仕組み化・自動化ができるので、
データ活用の最初のとっかかりとしておすすめです。

ダッシュボードとは？

　ダッシュボードとは、データ可視化の一つの手法であり、ユーザーが
データを見て理解することを促進させるための視覚的な表現です。様々
なデータの集計や、そのほかの情報が詰まったものが一つの画面に　ま
とまっています。地図やクロス集計表で構成されているもの、グラフで
構成されているものなど、多種多様なものがあり、利用目的に合わせて
非常に柔軟な使い方ができます。

■ ダッシュボード構築の前提となるBIツールとその選び方

　ダッシュボードは、普段馴染みのあるExcelではなく、BIツール（BI
プラットフォーム）と呼ばれるツールを使用して構築することが多いです。
　BIツールは多くのデータベースや様々な形式のファイルとつなぐこ
とができる拡張性を持っており、データの前処理からグラフの作成、レ
イアウトの調整まで一つのツール内で完結させることができます。さら

ダッシュボードのイメージ

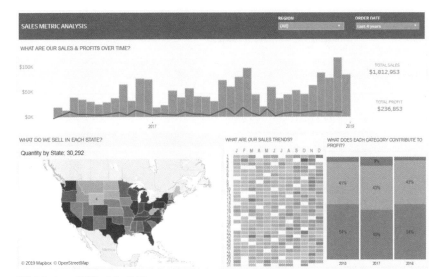

出典:Salesforce 公式ホームページより
https://www.tableau.com/ja-jp/learn/articles/data-visualization-tips

第

6

章

デ
ー
タ
可
視
化

出典:Microsoft社公式ホームページより
https://powerbi.microsoft.com/ja-jp/why-power-bi/

―　ダッシュボードのイメージ

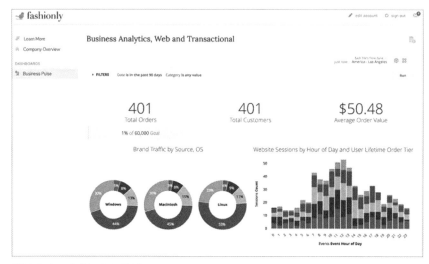

出典:Salesforce 公式ホームページより
https://www.tableau.com/ja-jp/learn/articles/data-visualization-tips

に、社内にダッシュボードを公開して利用状況をモニタリングすること
もできるため、こうした一連の流れを「BIシステム」とも呼んでいま
す。

　BIツールは（BIプラットフォーム）は既存システムとの相性やデータと
の相性もあり、また細部の技術的チューニングが必要になります。

ダッシュボード構築・運用を行うことで得られるメリット

　これまで紙のレポートや報告書で業務を行っていた企業がダッシュボ
ードを構築・運用することで、次のような効果が見込まれます。

■ 自社のKPI（重要業績評価指標）が全社的な共通理解になり、生産性が上がる

　会社の重要な指標である「売上」という言葉一つを取っても、様々な切り口が存在しますし、部署ごとに定義が異なることもあります。ダッシュボードを用いることで、全員で同じデータをもとに議論を行うことが可能になり、生産性を向上させることができます。

■ データをリアルタイムに見て理解できる

　レポートではなく「ダッシュボード」という言葉を使うとき、そこにはデータがリアルタイムで更新され可視化されていることが暗示的に表現されていることが多いです。

　この「リアルタイム」というのは、一般的には日次が多いですが、商材やデータによっては分次、時間単位のこともあります。

■ 情報を一元的に把握可能にする

　会社では多くの部署や機能が連携しています。ダッシュボードを用いることで、数ある部署や機能のKPIを一元的に管理・モニタリング可能になるため、経営の観点からの意思決定を行うことができます。

■ 他者と迅速に可視化を共有できる

　他者にデータや示唆をすばやく共有することは、迅速な意思決定や活発なディスカッションを可能にします。ダッシュボードを用いてデータを可視化することは、データから得られた発見を、即座に他者と共有することを可能にするという点でも大きな価値を生み出します。

■ 仕組み化・システム化によるレポート作業工数の大幅な削減

　「ダッシュボード」という言葉を使うとき、Excelによる手入力レポ

ートと置き換えたいという動機で構築される企業も多いです。

　ダッシュボードでは、手入力やコピペで毎日・毎月作成していた手間が一気に省け、属人性も排除でき、生産性を大幅にアップできます。

BIツールで構築したダッシュボードの機能

　BIツールには一般的に、次の機能が実装されています。BIツールによって様々な機能があります

■各種データソースとのコネクター機能

　BIツールは例えば次のようなデータと接続が可能です。これにより、様々な観点、表現での複合的なデータ分析や可視化が可能です。これらのデータソースが更新されるたびにダッシュボード画面も連動します。

- Google Analytics
- Salesforce
- 各種MA（マーケティングオートメーション）ツール

― BIツールのフィルター追加イメージ

- Excel
- Googleスプレッドシート
- Python
- R

■ドリルダウン分析

1年から四半期、四半期から月次、など粒度を下げてデータを深掘りしていくことをドリルダウン分析と言います。ドリルダウン分析を行うことで、より精緻な分析を行うことができます。

■KPIの実装や、フィルターによる比較

BIツールでは集計したい指標を実装し、簡単に可視化することが可能です。一度実装すれば、その都度人間が計算しなくても、データソースが更新されるごとに自動で集計してくれます。加えて、フィルターを追加することで部署や店舗、顧客区分などの属性・軸ごとに比較を行うことも可能です。

■シミュレーションや予測

既存のデータをもとに統計学的な手法などを用いて、将来的な値を予測することができます。また、変数を用いたシミュレーションを行うこともできます。これにより、過去のデータを予算編成や業績の予想などに役立てることができます。

■レポーティング

ダッシュボードに表示されているデータやグラフを出力し、レポートを作成できます。PowerPointやCSV、Excelなどへの出力も可能です。

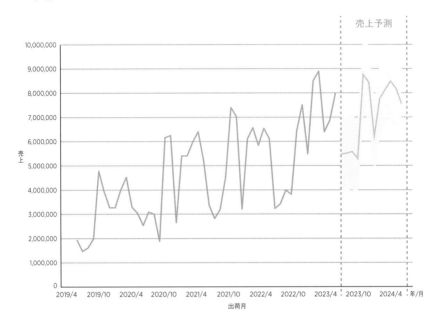

「毎週水曜の午前9時」など決まった時間に定期的にレポートを生成することも可能です。

ダッシュボードを構築し導入していく際の注意点と対応策

データの共有など、多くのメリットがあるダッシュボードですが、運用に際しては注意点があります。それらを対応策とともに解説します。

■導入後放置されるということが、できる限りないよう運用体制を整備する

一般的に、ダッシュボードの導入はアジャイルの発想でプロジェクト

をまわす前提で進めます。サイクルの中で捨てられる項目やレポートも
もちろん出てきます。

　ただ、ダッシュボードを一例としたデータ分析・可視化が使われなく
なる理由は様々ありますので、その理由つぶしを先んじて行っておく、
という姿勢は作り手やデータ統括部署としては必要でしょう。

■ 見たいものが変化する前提で構築する

　いま全てを完璧に決めなければいけないと考え、企画や設計に膨大な
時間をかけるよりも、変化する前提で粗くても具体的なものを作成し始
めた方が、具体的なアイデアも湧き、組織内での意見も活発に出てくる
ものです。

　ダッシュボードを作成しユーザーがそれを目にすると、載せたい数字
や見たい軸の要望が次々に出てきます。

　組織の成長や部署、プロジェクトの進捗とともに、ダッシュボードや
データ分析・可視化は変わりゆくものです。

　そして、変わっていくことそのものがデータ活用の成熟・成長であっ
たりします。

Q ダッシュボード作成やデータ可視化を行った後、どのように社内に公開・浸透させるべきですか？

A 社内イントラネットからアクセスできるようにしたり、メールで送付したりするなど、様々な方法があります。

　どのツールを用いてデータ可視化を行ったかによるものの、様々な共有方法があります。

　分析や可視化を行っている最中は、作ることやアウトプットそのものに集中しがちですが、どのように展開するかなど、先のことまで事前に設計できていれば、その後の運用もスムーズで、多くの人に使ってもらいやすくなります。

　これらが、アプローチ方法の例です。

- 社内メールで画像を添付して展開
- アップロードできるサーバーがあればサーバーに展開
- 社内イントラで共有
- 広報動画を作成
- 月次ミーティングで発表・告知

　いずれの場合においても、企業の文化やニーズと合っているアプローチをとることが重要です。

6 - 8

Q そもそも、モニタリングすべきKPIは どのように設計すればよいですか?

A まず、KPIツリーを基礎としてラフ案を設計すること がおすすめです。この時、事業のKPIとデータ分析の KPIを分けて考えることも重要です。また、BSC(バラ ンス・スコアカード)も参考になります。

データ活用を行う際の第一歩として、日常業務で定期的に追っている 指標をスピーディに可視化する、というゴールを置くことが多いため、 データ領域とKPIの概念はその性質上非常に強くリンクしています。

KPIツリー

事業上のKPIツリーを作成します。KPIツリーは、様々な種類があり ますが、要素分解型がもっとも目にするものかもしれません。

■ KPIツリー

大きな問題を小さな問題に切り分け、構造化できるのがKPIツリーで す。わかりやすい例では、次のような売上と費用の分解があります。

KPIツリーは、KPIの分解の仕方に応じて複数のタイプがあります。 大きく分けて要素分解型、因数分解型、時系列型、対象概念型がありま す。

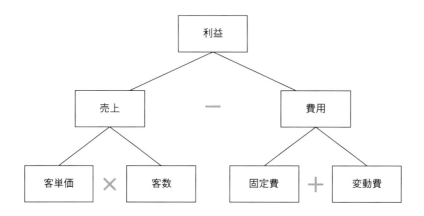

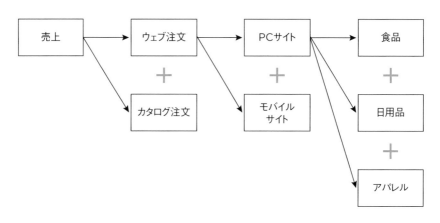

　このようなKPIをリアルタイムで確認できるようになることをまず最初の目標とし、このKPIのデータ可視化をするためにどのようなデータ分析基盤が必要かと考えていくのも良いデータ活用のスタートになります。いずれの場合においても、KPIはそのKPIに影響を与える施策と紐づけて試行錯誤することが重要です。

— **因数分解型**（掛け算型）**の例**

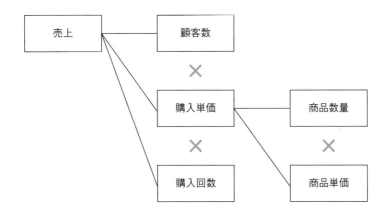

— **時系列型の例**（AISAS）

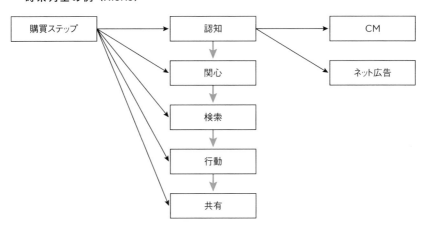

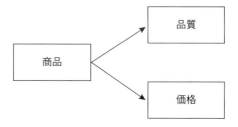

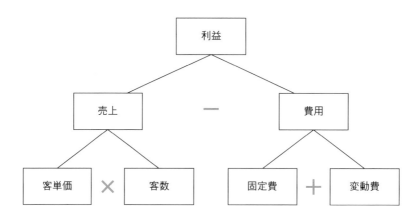

事業のKPIとデータ分析におけるKPIは分けて考える

例えば前ページの図表を居酒屋の売上の例だとします。

事業のKPIである売上を10%にアップさせるため、客単価を30%アップする必要があるとします。どの方策でも客単価が上がらない場合、客数を上げることができるかなど、このKPIツリーを見ながら検討することで、議論がより生産的になります。

データ分析のKPIとは、例えば通販カタログサイトを運営する会社で売上を10%上げたいときに、受注予測精度は20%上がればいい、といったことです。この場合、データ分析のKPIは受注予測精度の20%です。

KPI計測のための環境設計と構築

事業のKPI、データ分析におけるKPI、どちらも決定できたら、KPIを計測する環境を設計・構築します。どこにどのように作るかに関しては、そのKPI次第です。例えば、ウェブマーケティング系のKPIでしたらGoogle Analyticsから取得する、などがイメージしやすいかもしれません。

他にも、データ可視化を構築した際、それを見ている人がいるのかどうかをKPIとした場合には、蓄積されているはずの閲覧数データを使うなどです。

6-9

Q 会社で使っているデータ可視化に
統一感を持たせるには
どうしたらよいでしょうか？

A 最低限の方針を作成し、運用するだけでも統一感の底上げは図れます。

　会社の中で、可視化をリリースする際の最低限の方針やルールを決めておくと、うまくいくことが多いです。

最低限の可視化方針の例

■色

- 背景色をデフォルト設定しておき、統一させる
- 色の数は1つの分析や可視化で最大8色とする

■テキスト

- 作成する分析・可視化には必ずタイトル/サブタイトルを挿入
- ユーザーの操作を促すためのテキストをつける（「ここをクリック」「クリックすると○○に遷移します」など）
- フォントの種類、フォントサイズのデフォルト設定をする

- フォントサイズは1つの分析・可視化で最大4種類とする
- 基準単位（百万円、円、JPYなどの貨幣単位や、前年比、対前年などの言葉遣い含む）を統一する

■ 配 置

- グリッドレイアウトにする[※1]
- フィルターや凡例などの情報は右に配置する
- 情報の流れは、原則ZもしくはFの形に並べる
- 特に重要な情報はユーザーが操作しなくても目に入るよう配置する

■ 表・グラフ

- 分析・可視化でユーザーの関心度が高い情報のみを入れる
- 円グラフはなるべく使わない
- 必要性がある場合を除き、1つのデータに対して複数の視覚属性[※2]を使わない

― グリッドレイアウトのイメージ

※1 グリッドレイアウト：ホームページや何らかの画面設計のデザイン手法の一つで、画面やページを縦横に分断する直線で格子状に分割し、それらの組み合わせで配置を決定すること。
※2 視覚属性：私たちが意識的に努力することなく気づく視覚的特性。どのような情報が私たちの注意を引くかを決定づけるもの。

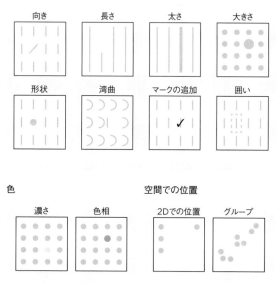

チェックリスト

　データ可視化やダッシュボードデザインは文字通り「可視化」「デザイン」というくらいですので、目に見えているところだけを語られがちです。しかし、実はもっとも重要なのは徹底したユーザー主義の意識、そして質の高い問いの設定です。なぜなら、オーディエンスは、つまらないと感じたり、わからないと感じるとすぐに離脱するからです。これはとても単純で当たり前とも言えるのですが、データの扱いに夢中になっていると忘れがちなポイントです。

　次の図は、ダッシュボードに表れるものとその根底に潜む要素を図式化したものです。データ可視化の深層部分はこのような氷山で説明できると考えています。

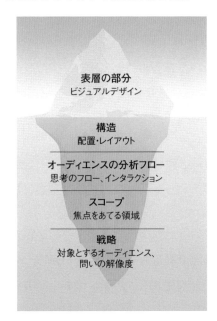

表層の部分
ビジュアルデザイン

構造
配置・レイアウト

オーディエンスの分析フロー
思考のフロー、インタラクション

スコープ
焦点をあてる領域

戦略
対象とするオーディエンス、
問いの解像度

　上側はよく語られがちですが、下側は見過ごされがちです。ここで、上側から下側まで一気通貫のチェックリストを紹介します。これらの要素は相互に影響し合っており、項目を綺麗に整理区分できるものではありません。しかし、具体的でシンプルなチェックリストに落とし込むことで実践的に活用できるものです。

　以下のチェックリストはこのチェック項目を完璧にするものでもなく、チェック項目の答えがないものもあります。何かを作り上げる際に重要なのは、自問自答のきっかけであり、このリストはそれをしやすくすることを目的としています。何らかの可視化や分析をする上で、最後の確認のリストとして活用ください。

■ 表層の部分：ビジュアルデザイン

　表層の部分とは目に見えているビジュアルデザイン、まさに「可視化」されているチャート部分のことです。

　「散布図なのか、棒グラフなのか？」「どういった配色をするのか？」、「フォントはどうするか？」などがこちらにあたります。

- 色のトーンは統一されているか
- 同じ色を複数のチャート（グラフ）に使う場合、色の意味は理解しやすいか
- カテゴリカルデータを理由なく色で区分していないか
- データを使う組織で馴染みやすい色使いか
- 大規模に使うデータ可視化/ダッシュボードの場合、カラーユニバーサルデザインか
- 同じデータポイントに対し、視覚属性を複数使っていないか、複数使っている場合、その意図は明確か
- 性別、宗教、民族などに関わるステレオタイプが入っていないか
- データインクレシオ※の比率は最大か
- ビュー内、チャート（グラフ）背景にある罫線は本当に必要か
- ビュー内にあるテキストラベルは本当に全て必要か
- タイトル、サブタイトルはつけられているか
- ユーザーが迷わない説明を適切にテキストで補足し、ガイドしているか
- もっとも面積を使う背景色はグレースケールか。グレースケールでない場合、必然性はあるか
- 表現したいものに最適なチャートタイプ（グラフ形式）にしているか
- 選択したチャートタイプのベストプラクティスを適用しているか

※ データインクレシオ：データそのものを表すために使われたインクの量/グラフ全体で使われたインクの量。この値が大きいということは、余分な罫線や配色が用いられていないということを表す。

- 重要な指標は大きく明確に表示できているか
- 異なる軸（第2縦軸）を左右に使い、認知的負荷を上げていないか
- 一目でメッセージがわかるか
- 誰もがどこを見たら何の情報が表示されているかわかるか
- 課題や目的に対し、出す情報が詳細すぎないか
- 情報量、集計粒度をユーザーに合わせてうまくコントロールできているか
- リリース前に全てのデバイスでテストしたか
- フォントは2種以下にしているか、そうでなければ3種以上にしている必然性はあるか
- これ以上シンプルにできないか
- モバイルのスクリーンサイズに最適化できているか
- コーポレートデザイン、コーポレートカラーがあれば、それに馴染むか
- 軸メモリは細かすぎないか
- デバイスに応じた適切なフォントサイズか
- 可視化内で使っている言葉は、ユーザーは理解できるか（知っているか）
- 余計なフィルターを入れていないか
- 色は必要最小限におさえられているか
- ユーザーが頻繁に見たい情報が隠されていないか
- ボタンやフィルター、パラメーターは押しやすいサイズか
- 使っている指標はどのように計算されたのかが明確であり、ユーザーを迷わせないか
- 質の高いフィードバックを複数人から受けたか
- データタイプ（カテゴリカルデータ、順序データ、量的データ）に応じて正しくシーケンシャルカラー、ダイバージェントカラー、カテゴリカ

ルカラーを使えているか

- 奇をてらったデザインになっていないか
- 可読性の高いフォントを使えているか
- 注釈をうまく使いユーザーを導いているか
- ジオコーディング、地図の場合、適切な表現であるか（色塗りマップ、ヘックスマップ等、伝えたいことに対し最適なものを選択したか）
- データタイプ（カテゴリカルデータ、順序データ、量的データ）に相性の良い視覚属性でチャートが描かれているか
- データの行レベルを正しく理解し、それに対して正しい計算でビジュアライズされているか

■ 構造：配置・レイアウト

　どこに何を配置し、どのようなレイアウトにするかの部分です。主に枠組みを指します。

- チャートやテキストの配置はゲシュタルトの法則（関連のあるものは近くに配置されているかなど）に反したものではないか
- 情報はZ状もしくはF状に並んでおり、ストーリーが作られているか。そうでない場合その必然性はあるか
- ユーザーが知りたい順に自然に情報を追える配置か
- 「ただデータがあるから」という理由で入れている情報やチャートはないか
- 配置とチャートの全てに意図があるか
- 可視化自体が適切なサイズになっているか
- 余白が適切にとれているか
- レイアウトはデバイス（PC、モバイル、iPadなど）に最適化され、それ

それに合わせて情報が厳選されているか
- 組織に展開・運用するものの場合、配置とレイアウトに一貫性と再現性があるか
- スクロールが長すぎないか
- ユーザーは情報構造が把握しやすいか
- グリッドレイアウトにしてあるか
- ページをまたがる場合、デザインやトーンに統一感はあるか

■ ユーザーの分析フロー

こちらは「構造」の部分とも関連するのですが、ユーザーの探索的な思考や分析のフローに則り、そのフローにうまく寄り添いながら、可視化に機能が実装され、実現されているかどうかという点です。

一般的には、パラメーターやフィルターなどの選択メニュー、何かをクリックした時に起きること、情報の設計などがこちらにあたります。ナビゲーションデザインとも言われます。

- クリックした際に表示される動的な情報はユーザーが求めているものか
- 表示されるテキストはデータベース上のカラム名（例名）のままでよいかレビューしたか
- 何かの情報を見せたいとき、その情報を見たくさせる仕掛けがあるか
- パラメーター、フィルターなど、データと目的に応じて適切なインタラクションが施されているか
- メールで見るか、プロジェクターで見るかに応じて思考フロー、分析フローをレビューし、それぞれ最適化されているか

285

- その情報を見た後にユーザーが次に抱く問いを想定できているか
- 情報に応じて、どのようにその情報を取得するのがよいかロジックがあるか（モバイルでの閲覧だけにするのか、ユーザーにビューをカスタマイズさせるのか、アラート的にメールを流すのか、データを定期的に配信するのか、コメントを共有するのか等）
- 動的な機能（インタラクティブ性のある機能）を使う場合、それは洞察がさらに深まるものか
- 俯瞰的な情報から詳細な情報へ自然に流れるように設計できているか
- 情報を受け取った際のユーザーの想定アクションと、インタラクティブ機能の相性は良いか

■スコープ

　何に焦点を当てるか、ユーザーのどのようなニーズを満たすのか、という部分です。逆に言えば、何に焦点を当てないのか、ということとも言えるでしょう。

- 課題に対し、正しい分析手法が選択できているか
- その課題はどうして質が高いと言えるのか言語化できているか
- 1つの可視化に対し、課題は十分に絞れているか
- 課題に応じた正しいデータ接続ができているか
- 自然言語での問いを、データで解決できる問題に正しく翻訳できているか
- 可視化を使用するユーザーの解像度は十分か
- ユーザーの潜在ニーズと顕在ニーズを定義・言語化できたか
- そのユーザーは1日のどのタイミングでどういう感情で見るのか想

像できているか

- その可視化を見る前にユーザーが知っている情報は何か
- 可視化内で使用する言葉に一貫性があるか
- 課題に対し、正しい分析手法が選択できているか

■ 戦略

もっとも根底にあり、基礎となる部分です。ダッシュボードやデータ可視化を使うユーザーやその問い、課題の部分です。

「どんな問題を解決しようとしているか？」「そのユーザーの真のペインポイント（解決したい課題）はなにか？」——このような問いの中核となる部分が戦略です。

前述した氷山の上部2つは様々な書籍でもよく語られ強調されがちですし、即効性があるテクニックも多いです。しかし、真に重要なのは水面の下に隠れている深層部分です。事業とデータとの関連性の論点も多いです。

- 問いは組織や部署のビジョン、ミッションに沿っているか
- その情報を見た後にユーザーが取る具体的な想定アクションはなにか
- そもそも問いを解決するデータはあるか
- 可視化をするにあたりデータの制約要因はなにか
- そもそもデータで解決できる問いか
- データを使わない洞察とデータを使う洞察を融合させてさらに価値を生み出せるか
- 他にどのようなデータがあれば洞察の価値が上がるか
- データの質はレビューできているか

- KPI ツリーは整理できているか
- 課題は言語化できているか
- 深い仮説を立てたか
- そもそも答えが出せる問いか
- 大きな問題を、解決できる小さな問題にしているか
- 役員らなど、トップマネジメントとゴールを共有できているか
- 成功指標が定義できているか
- 表面的な問いではなく本質的な問いを導き出し、それに合わせてデータ取得と処理ができそうか

■ その他

- パフォーマンス、レスポンスは十分に確保できそうか
- 適切なパフォーマンスのチューニング、レビューが行われ、最大限に努力したか

KPI設計の参考になるツール

■BSC（バランス・スコアカード）

BSCは、1992年に米国ハーバードビジネススクールのロバート・S・キャプラン教授とデビッド・ノートン（コンサルタント会社社長）が発表した業績評価システム。

BSCは、組織全体の大枠の主要KPIを考える際の良いフレームワークとなります。ビジョンと戦略を主題に、4つの視点（財務の視点、業務プロセスの視点、学習・成長の視点、顧客の視点）の構造を持ちます。

本書では、詳細は割愛しますが、次の書籍がおすすめです。

『バランス・スコアカード——新しい経営指標による企業変革』ロバート・S・キャプラン、デビッド・P・ノートン著、吉川武男訳、生産性出版、1997年

第 **7** 章

データマネジメント

ルールを作り、
守ってもらうことが未来につながる

データガバナンスとは、データの活用に必要な
データそのものを安定的に獲得するための活動
（データマネジメント）が、正しく行われるように監督
する行動です。本章では、データガバナンス案件
での課題や質問に対してお答えしていきます。

データマネジメントとは
なんですか？

データマネジメントとは、データの潜在能力を引き出す全ての活動のことであり、データをビジネスで継続的に活用できるような状態にし続けることです。データマネジメントという言葉は広い意味で使われます。

　次のようなことを解決するために、**「データを常に最新の状態にする」**
「組織が保有するデータにアクセスしやすい環境にする」 ことが必要になり、それらを支えるのがデータマネジメントです。

- データが散在していて適切な経営判断ができない
- データ分析に時間がかかりすぎて迅速に現状を把握できない
- 社員がデータから意思決定する習慣がない
- 部門の責任者としてデータを把握しなければならないが、いつでも見られる状態になっていない
- 財務データの項目表記がバラバラでかつ正しい数値が得られていないため、精度の高い投資計画をたてるのが難しい正確な投資計画を立てるのが難しい
- 次週の営業計画を立てるために前週の売上データが欲しいのに、1ヶ月前の売上データしか得られない
- GDPR※やデータプライバシー保護法、コンプライアンスに対応しなければならない

※ GDPR（General Data Protection Regulation）：個人データの保護に関する一般データ保護規則の略称。EU一般データ保護規則。

- データサイロを解消したい

データマネジメントの3つの大きなメリット

データマネジメントを行うことによって「正確なデータを、使いたいタイミングで活用する」ことが可能になり、結果的に組織が「データ活用を継続的に行うことができるか否か」を決定付けます。

データマネジメントを行うことのメリットとして、次の3点があります。

- 共通の正しいデータを利用して素早い意思決定ができる
- データ作成の手間を減らし、分析業務に集中できる
- 障害対応にかかる時間を減らすことができる

■共通の正しいデータを利用して素早い意思決定ができる

1つ目のメリットは、**業務で必要なデータが正しく整理されている状態で活用できるので、素早い意思決定が可能となります。**

仮に、データマネジメントが行われていないと、次のような問題が発生し、データを活用した意思決定までに時間がかかってしまいます。

- 「○○のデータが欲しい」というリクエストがあっても、そのデータをまとめるのに1週間かかる
- データがまとまったとしても、部署によって扱うデータの定義がバラバラで数値や項目の意味が異なり、いちいち確認が必要

■データ作成の手間を削減し、分析業務に集中できる

2つ目のメリットは、**必要なデータが整理された状態であれば、データを手作業で整形する手間を省き分析業務を効率的に行うことができる**ということです。

従業員・部署によっては、記録・入力するデータの表記が異なるケースがあります。その場合、手作業で表記を統一する手間がありましたが、マスターデータ※に基づいてデータを紐づけ、表記を自動で揃える仕組みを構築していればその手間は削減可能です。

データマネジメントが適切に行われていれば、分析にかかる全体の業務工数は当初の10分の1以下になることはよくある話です。

■障害対応にかかる時間を減らすことができる

3つ目のメリットは、**データが欠損した、数値に異常があるなどデータにまつわる障害時に迅速に対処する**ことができます。

データを使用する上で障害をゼロにすることは困難です。しかし、適切なデータマネジメントを行うことで、障害発生時に迅速に対処することができ、影響範囲を最小限にとどめることが可能となります。

仮にデータマネジメントがなされていないと、次のように、障害対応に多くのリソースを割かざるをえず大きな損失になってしまいます。

- データの管理をしていなかったので、障害によって影響を受けるデータと受けないデータの区別がつかず、一旦サービスを全て止めて調査しなければならない
- どのようなデータがあるか把握していないので、障害が発生するたびに調査に膨大な時間がかかる

※ マスターデータ：組織内の基本的なデータ要素であり、製品や顧客など重要な情報。

データマネジメントを構成する11の要素

「データマネジメントが行われている状態」を実現するために、11の要素を満たしていく必要があります。

1つの要素を満たすだけではデータを継続的に活用することは困難です。「データを蓄積しているが、データの表記がバラバラで分析できない」など継続したデータ活用ができない状況が起こり得ます。『データマネジメント知識体系ガイド（DMBOK2）』※を参考に、これらの要素を1つずつ詳しく解説していきます。

■1 データガバナンス

データガバナンスとは、**組織で取り組むデータマネジメントについて決めた運用体制・運用ルール・責任者などを監督し、定期的に見直していくことです。**

データマネジメントは一過性の取り組みではありません。取り扱うデータが増えたり、組織戦略が変わったりなど、変化が起こるたびにデータマネジメントを統制する必要があります。

具体的には、次のことを行うことで「データマネジメントが組織で決めたルール通りに進められて、データ活用が適切にされているか」を確認する必要があります。

- データマネジメントの取り組みに関する責任者や権限を定める
- データマネジメントを進める上での体制やルールを定める
- 定めたルールに則りデータが活用されているか監督する

データマネジメントが統制されていないと、「セキュリティポリシー

※ DAMA International著『データマネジメント知識体系ガイド（第二版）』日経BP、2018年

に反するデータの扱い方をして、顧客からの信頼を失う」といった損害
も起こり得ます。

データガバナンスに関しては310ページも参照してください。

■2 データアーキテクチャ

**データアーキテクチャは、組織として「保有するデータをどのように
蓄積しビジネスで活用するか」の設計図**です。

データマネジメントは、組織が継続的にデータ活用できるようにする
活動です。データマネジメントを進める上で「今後自分たちが扱うデー
タをどのようにビジネスで活用したいか」の設計図が必要です。この設
計図はよく「データアーキテクチャ」と呼ばれます。

データアーキテクチャを参考にしながら、次のことを明確にします。

- どのようなデータを収集し、どこに蓄積するか
- 蓄積したデータをどのようにビジネスで活用するか

— データアーキテクチャのイメージ

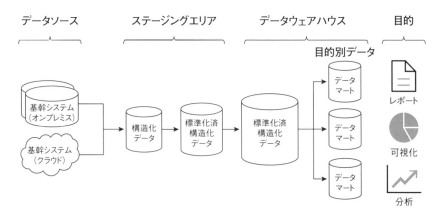

まず全体の計画を作成することで、組織でデータマネジメントを実現しデータを継続的に活用するための一貫した取り組みが可能となります。

■3 データモデリング

データモデリングは、データの構造化と組織化を行うためのプロセスや手法に関連する領域を指します。

データモデリングは、現実世界の情報をデータベースや情報システムに適切に反映するために、データの構造や関係性を定義する作業です。データモデルは、データベースやデータウェアハウスなどのシステムの基盤となり、データの意味や関連性を明確化するためのツールとして使用されます。

データモデリングには、概念モデル、論理モデル、物理モデルなどの異なるレベルがあります。

データモデリングの目的は、データを効果的に組織化し、データの信頼性、効率性、一貫性を確保することです。適切なデータモデリングにより、データの意味や関係性が明確化され、データの取得、保存、処理、分析などが効率的に行われます。

データの変更や拡張に対応する柔軟性と拡張性を提供することも重要な要素です。

■4 データストレージとオペレーション

　データの保存、管理、アクセス、保護など、データストレージに関連する領域を指します。

　データストレージとオペレーションは、データを物理的なストレージメディアに保存し、データの効率的な管理とアクセスを確保するためのプロセスや活動を包括しています。

■5 データセキュリティ

　データセキュリティは、データを機密性、完全性、可用性の観点から保護するための対策や手法を指します。

　データセキュリティは、機密データや重要な情報が不正アクセスや悪意のある攻撃から保護されるようにすることを目的としています。データセキュリティは、データマネジメントの重要な側面であり、データの信頼性、顧客信頼性、企業の評判を確保するために不可欠な要素です。次のようなポイントがあります。

- **機密性の確保**：機密情報や個人情報などのデータが不正なアクセスから守られるようにします。これには、アクセス制御、暗号化、マスキング、パーミッション管理などの技術やポリシーが使用されます。
- **完全性の保護**：データの改ざんや不正な変更から保護するために、データのハッシュ値やデジタル署名、データの整合性チェックなどが利用されます。
- **可用性の確保**：データが正当なユーザーによって必要なときにアクセスできるようにすることが目指されます。データのバックアッ

プ、レプリケーション、災害復旧計画などが可用性の確保に寄与します。

- **リスク管理**：セキュリティ上の脅威やリスクを評価し、適切なセキュリティ対策を実施することで、データへの攻撃や侵害を最小限に抑えることが求められます。
- **法的要件とコンプライアンス**：関連する法的要件や業界の規制に適合する必要があります。個人情報保護法やGDPRなどの規制に従うことや、セキュリティポリシーや規程の策定と遵守が重要です。

データセキュリティに関する具体的な例として、次のようなものがあります。

- アクセス制御の実施：データへのアクセスを制限し、必要な権限を持つ人のみがデータにアクセスできるようにします。アクセス制御は、ユーザー認証、ロールベースのアクセス制御、特権アクセス管理などの手法を使用して行います。
- データ暗号化：機密データを保護するために、データの暗号化を実施します。暗号化はデータを非可読な形式に変換することで、不正アクセスによるデータ漏洩を防止します。
- データバックアップと復旧計画の作成：データのバックアップと復旧計画を策定し、定期的なバックアップを行います。バックアップは適切な頻度と方法で実施し、災害や障害時にデータを迅速に復旧できるようにします。
- セキュリティポリシーと手順の策定：データセキュリティに関するポリシーや手順を作成し、組織内で周知徹底します。ポリシーにはパスワード管理、データ共有のルール、セキュリティ意識向上のためのトレーニングなどが含まれます。

- セキュリティ監査の実施：定期的なセキュリティ監査を実施し、データセキュリティ対策の有効性を確認します。セキュリティ監査は内部または外部の専門家によって行われ、セキュリティ上の脆弱性や改善点を特定します。
- データセキュリティ意識の向上：従業員に対してデータセキュリティの重要性を啓発し、セキュリティ意識を向上させる取り組みを行います。セキュリティ教育やトレーニング、フィッシング試験などの活動が含まれます。
- インシデント対応計画の策定：データセキュリティインシデントが発生した場合の対応策を計画し、迅速かつ適切な対応を行います。インシデント対応計画には、通報手順、対応チームの指名、情報共有のプロトコルなどが含まれます。

■6 データ統合と相互運用性

組織が取り扱う複数のデータを紐づけて統合する仕組みを作ることです。

購買データ、顧客データ、ウェブ行動データなど組織には様々なデータが存在します。そうした様々なデータを統合して活用する場面はこれからますます増えていくでしょう。これらがその一例です。

- 購買データと顧客データを紐付けて、誰が何を買ったのか分析出来るようにする
- リアル店舗で販売している商品データとECサイトで販売している商品データをまとめて管理する

また、複数のデータを紐づけて統合する仕組みを作るには、次の2点が必要不可欠です。

- 顧客マスタ、製品マスタなど多くのデータベースで共通となるマスターデータ
- csv形式など、利用者にとって使いやすい形式に変換されたデータ

　これらが揃うことで、複数のデータを関連させながら継続的に使用することができます。

■7　ドキュメントとコンテンツ管理

　ドキュメントとコンテンツ管理とは、データマネジメントの一部であり、組織内の重要なドキュメントや情報資産を効果的に管理するプロセスを指します。

　具体的には、次のような活動を含みます。

- **ドキュメント作成**：適切なフォーマットやテンプレートに基づいて、ドキュメントを作成します。データガバナンスポリシーやデータ管理手順などのドキュメントを作成することがあります。
- **ドキュメント分類と整理**：ドキュメントを適切なカテゴリや分類体系に基づいて整理します。例えば、データガバナンス、データ品質管理、データセキュリティなどのカテゴリに分類することがあります。
- **バージョン管理**：ドキュメントのバージョン管理を行います。新しいバージョンが作成された場合や変更が行われた場合には、適切な手順に従ってバージョンを管理し、過去のバージョンとの比較やトレースが可能になるようにします。
- **ドキュメントアクセス制御**：ドキュメントへのアクセスを制御しま

す。機密情報や重要なドキュメントには適切なアクセス権限を設定し、不正なアクセスや変更を防止します。

- **ドキュメントの保管と保存**：ドキュメントを安全に保管し、適切な期間保存するための方法を確立します。法的要件や規制に基づいてドキュメントの保管期間を設定し、必要な場合にアーカイブや廃棄を行います。
- **ドキュメントの共有とコミュニケーション**：ドキュメントを組織内の関係者と共有し、コミュニケーションを促進します。定期的なレビューや更新、議論のためのコミュニケーションチャネルを確立します。

また、管理すべき対象の一例として、次のようなものがあげられます。

- データガバナンスポリシー：データガバナンスの目的、原則、責任、プロセス、規則などを定義したドキュメント。
- データマネジメント計画：データ管理の目標、アクティビティ、責任、スケジュールなどを詳細に記述した計画書。
- データディクショナリ：データ要素、属性、定義、関係、メタデータなどの情報を記述したデータ辞書。
- データ品質管理プラン：データ品質の目標、プロセス、メトリック、アクティビティなどを定義した計画書。
- データセキュリティポリシー：データの機密性、整合性、可用性などのセキュリティ関連のポリシーを記述したドキュメント。
- データバックアップとリカバリプラン：データのバックアップ方法、頻度、保存場所、リカバリ手順などを定義した計画書。

- データアクセス制御ポリシー：データへのアクセス権限、セキュリティグループ、アクセス制御手段などを定義したポリシー。
- データ変換と統合手順：データの変換、統合、ETL（抽出、変換、ロード）プロセスに関連する手順やガイドライン。
- データ品質レポート：データ品質の測定結果、問題の特定、改善アクションなどをまとめたレポート。
- データプライバシーポリシー：個人情報や機密データの保護、データ利用の制限、法的要件に関するポリシー。

■8 参照データとマスターデータ

参照データはデータの分類や補完に使用され、一貫した分析や報告を支援します。マスターデータは組織全体で共有される中心的なデータであり、他のデータ要素やシステムとの整合性を確保します。

参照データ：他のデータを分類、分析、または補完するために使用される一連の値やコードです。例：国や地域のコード、商品カテゴリ、顧客のセグメントなど

マスターデータ：業務上の重要な事項の属性を表すものです。基本的に固定的であり、頻繁に変更されないデータです。例：社員や商品、取引先など

■9 データウェアハウスとビジネスインテリジェンス

データウェアハウスとビジネスインテリジェンスは、データの集約、分析、報告に関連する領域を指します。

データウェアハウスは、複数のデータソースからのデータを一元化し、高度な分析や報告のためにデータを準備します。

ビジネスインテリジェンスは、データウェアハウスからデータを抽出

し、データの探索や洞察の発見、意思決定に必要な情報を提供する役目
を持ちます。

■10 メタデータ

ビジネスメタデータ：ビジネスメタデータは主にデータの内容と状態を
示すものです。例として次のようなものがあります。

- データセット、テーブルおよびカラムの定義と説明
- 業務ルール、変換ルール、計算方法、および導出方法
- データモデル
- データ品質の規則と測定結果
- データが更新されるスケジュール
- データの出所とデータリネージ※
- データ標準
- データエレメントが依存するマスターレコードシステムの指定
- 有効値制約
- ステークホルダーの連絡先情報（例えばデータオーナー、データスチュワード）
- データのセキュリティ／プライバシーレベル
- データに関する既知の問題
- データ利用上の注意

テクニカルメタデータ：テクニカルメタデータは技術的詳細などの情報
を提供します。例として次のようなものがあります。

- 物理データベーステーブルとカラムの名称
- カラムのプロパティ

※ データリネージ：データの出所や移動経路、変換処理など、データがどのように生成され、どのように変更・加工されて現在の状態に至ったかを追跡するための概念。

- データベースオブジェクトのプロパティ
- アクセス権
- データ CRUD (Create 作成、Replace 置換、Update 更新、Delete 削除）ルール
- データテーブル名、キー、インデックスなどを含む物理データモデル
- データモデルと物理的資産の関係を示すドキュメント
- ETL ジョブの詳細
- ファイルフォーマットのスキーマ定義
- ソースからターゲットへのマッピングを示すドキュメント
- 上流および下流への変更影響情報を含むデータリネージを記述するドキュメント
- プログラムとアプリケーションの名称と説明
- コンテンツ更新サイクルのジョブスケジュールと依存関係
- リカバリーとバックアップのルール
- グループ別、役割別データのアクセス権

オペレーショナルメタデータ：オペレーショナルメタデータはデータの処理とアクセスの詳細です。例として次のようなものがあります。

- バッチプログラムのジョブ実行ログ
- データの抽出とその結果などの履歴
- 運用スケジュールの異常
- オーディット、バランス、コントロールなどの結果
- エラーログ
- レポートとクエリのアクセスパターン、頻度、および実行時間
- パッチとバージョン管理の計画と実行、現在のパッチ適用レベル

- バックアップ、保存、実行日付、災害復旧などの規定
- SLA の要件と規定
- 容量の増減と利用パターン
- データのアーカイブと保持ルール、関連するアーカイブ
- 廃棄基準
- データ共有ルールや合意事項
- IT 側の役割と責任、連絡先

■11 データ品質

データの品質をビジネス利用に適した状態に保つことです。データの品質がユーザーの求める品質よりも低い場合に、データが活用されなくなってしまうことがあります。

品質には色々な評価軸がありますが、「求めているものより古いデータしかない」「分析したい項目が含まれていない」などが低い品質として挙げられます。

データ品質に関する詳細は、7-6でも紹介しています。

データマネジメントでまず取り組むべき4つのこと

データマネジメントをこれから進めていく方に、まず取り組んでおきたいことを紹介します。

データマネジメントが整った状態にするには組織として様々なことに取り組む必要があります。取り組みを始めた次の日からデータマネジメントができるということはほとんどありません。

■ プロジェクト組成（役割と責任の明確化）

データマネジメントのプロセスには、様々なタスク、職務、必要とな

るスキルがあります。

　リソースが限られている小規模な組織では、個々の作業者が複数の役割を担当することもあります。一般的にデータマネジメントの専門家として、データアーキテクト、データベース管理者（DBA）、データベース開発者、データガバナンスマネージャー、データスチュワード、データエンジニアなどが、アナリティクスチームと協力してデータパイプラインを構築し、分析のためのデータを準備したり、データマネジメントのプロジェクトを進めます。

　また、全社的なデータマネジメントプロジェクトにおいてはトップマネジメントのコミットメントが重要です。CDO（Chief Data/Digital Officer）/CIO（Chief Information Officer）/DMO（Data Management Officer）と呼ばれる役職の方がこちらにあたることもあります。

　それぞれの取り組みについて解説します。

■ どのデータがどのように活用されているか現状を整理する

　まず、**現状自分の組織がデータに関して「どれを収集し」「どこに蓄積し」「どのように活用しているか」を把握しましょう。**

　現状を把握し「今何ができているか・できていないか」を明確にするのは、これからデータマネジメントを進めていく上で大切です。もし、「どんなデータがあるのか」を把握しないままデータマネジメントの取り組みを進めてしまうと、導入したツールや仕組みに適さないという事態も起こり得ます。

　こうした不測の事態を避けるためにも、今自分たちはどんなデータをどのように使っているのかは把握しておくべきです。社内の各部署や各スタッフに地道に話を聞いてまわり、上のような「データの流れ」の図を作成することをオススメします。

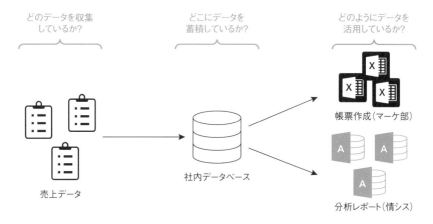

■ 今後どのようにデータを活用したいかの流れを整理する

　組織によってデータマネジメントで実現したいことは多種多様です。
だからこそ、「自分たちの組織ではデータがどのように管理され活用さ
れていてほしいか」を考えることは大切です。理想の姿が明確になって
いないと、ツールを選定する時に基準がわからず困惑したり、導入した
仕組みが思ったものと違う、ということがあります。

　この作業は、次の点を明確にしながら進めていきましょう。

- どのデータを収集し、どこに蓄積するか
- 蓄積したデータはどこで（利用者・部署など）どのように使用されて、
  どんなメリットがあるのか

　これらが明確になっていると、「どのデータが足りない」「どの機能が
足りない」など課題点が把握でき効率的にデータマネジメントを進める
ことが可能になります。

■データマネジメントを進める方針についての経営層の合意を得る

3つ目は、**経営層の合意を得ること**です。**経営層の合意を得ることで、データマネジメントを全社で進めることの後押しになるでしょう。**

データマネジメントの最終的なゴールは、全社での達成です。そのためには、様々な部署を巻き込んでいく必要があります。経営層の合意があれば、「データマネジメントは経営課題である」という大義名分で取り組みが進めやすくなるはずです。

7-2

データガバナンスとは
なんですか？

　データガバナンスは、組織内で収集したデータの品質や正しさ、セキュリティ、ユーザビリティなどを担保する、データマネジメント要素の一つです。

　抽象度が高く実態の掴みづらい「データガバナンス」の意味や役割を説明します。

データガバナンスは、データ活用の推進にあたり
ルールを作り、守らせること

　データガバナンスは、企業内において、データ活用を推進するにあたってルールを設定するだけでなく、そのルールを守らせるための様々なアクションやその活動全体を指します。

　そのアクションが多岐にわたるため、単純なアウトプットイメージやツールにイメージを置き換えることは実際難しいです。それゆえ具体的にデータガバナンスのプロジェクトでは何をすればよいのかイメージしにくいということがあります。

　あえて単純なイメージでデータガバナンスを表現するなら、データガバナンスはデータ活用の全ての行為を監督する"風紀委員"の活動と捉えるのがよいでしょう。

データガバナンスによってデータのサイロ化を防ぐ

データのプロジェクトをスタートしたものの、頓挫してしまう原因の一つが、データのサイロ化（散在）です。サイロ化とは、システムが部署ごとに分断されてしまって、異なるシステム間でデータが連携できていなかったり、状況が共有できていない状態のことを指します。

データ活用において、部署の持つ知見や示唆の共有はデータ活用の高度化を目指すにあたって非常に重要です。データのサイロ化が起きている状態とは、例えば顧客や商品を識別するコードを、各部署が独自に定義しているような場合です。

各部署が独自に定義したデータは、当然ながら連携して活用することができません。これが、データ活用の大きな障害になります。

データガバナンスを適切に進めることによって、システムや部署が異なっても、スムーズなデータ分析や可視化を見据えた一定のルールに従いデータを生成、蓄積させることができます。

7-3

Q データガバナンスのプロジェクトを これから始めたいと思っています。 参考にすべきものはありますか?

A DMBOK（Data Management Body Of Knowledge の略。「デー タマネジメント知識体系ガイド」と訳されている）は重要な基盤 となるでしょう。この領域の経験が浅い方が実務に活 かすには難しいものですが、データガバナンスのプロ ジェクトを進める上でのベースとなるはずです。 DMBOK以外にもフレームワークがあります。

　データガバナンスの実行には高度な専門知識が必要です。そのため、 データガバナンスのプロジェクトや投資を検討されているほとんどの担 当者の方は、データガバナンスを含むデータマネジメントの世界的な教 科書であるDMBOKを一度は確認されているのではないでしょうか。

　しかし、次の2つの理由から、DMBOKをデータガバナンスの実践に 活かすことはなかなか難しいというのが実際のところです。

- **高い抽象度**：DMBOKは、あらゆる業界やシステムに適用できるよ うにアクションの内容が抽象化されていて、具体的なツールやアウ トプットのイメージがない。そのため、専門的な知識や経験がなけ れば具体的なアクションに変換することが難しい
- **膨大な量**：DMBOK（日本語訳第2版）は、672ページという膨大な量 のため、その大量の情報から自社に有効なアクションにつながる情 報を見つけることが難しい

ここでは、プロジェクト進行のとっかかりとすべく、DMBOKの要点と、その他実践に役立つフレームワークを紹介します。

DAMAホイール

　DAMAホイールは、非営利団体DAMA InternationalがDMBOKで定義する、データマネジメントの11個の知識領域です。

　中心にはデータガバナンスが存在し、その他10個の知識領域の活動を実行管理する、という構造を持っています。DAMAホイールの良いところは、データガバナンスに取り組む観点として知識領域が網羅的に記載されていることです。

　さらに、その知識領域は、日本語で詳細に解説されています。

　ここでは概要のみ紹介し、これらの各領域に関する具体的な実践例に

— **DAMAホイール**

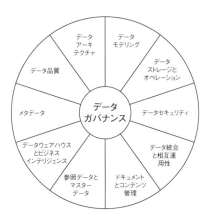

出典：DAMA Japan、DAMA資料をもとに筆者作成
https://www.dama-japan.org/Introduction.html
https://www.dama.org/cpages/dmbok-2-wheel-images

ついては、7-5に記載しています。

　DMBOKホイールは、データガバナンスを中心に、次の知識領域の構造をとっています。

- データガバナンス
- データアーキテクチャ
- データモデリング
- データストレージとオペレーション
- データセキュリティ
- データ統合と相互運用性
- ドキュメントとコンテンツ管理
- 参照データとマスターデータ
- データウェアハウスとビジネスインテリジェンス
- メタデータ
- データ品質

データガバナンス成熟度モデル (Gartner)

　データガバナンス成熟度モデルは、世界的なシンクタンクであるガートナー社が定義しているデータガバナンスのフェーズの考え方、および各フェーズでとるべきアクションを示しています。このモデルの良いところは、自社のフェーズごとに取り組むべき具体的なアクションが、網羅的に示されているところです。

　一方、DMBOKホイールと同じく、記述の抽象度は高いので、そのまま取り組めるマニュアルのようなものではありません。あくまで実践のための指針として利用するものです。

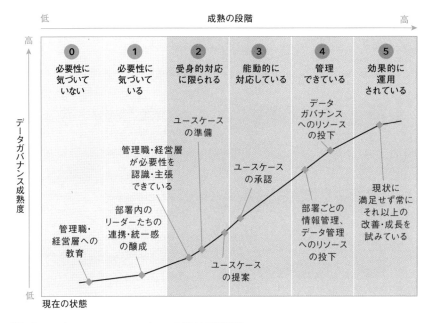

出典：Gartner data governance maturity modelをもとに筆者作成

データマネジメント成熟度モデル

　ソフトウェアの開発プロセスの成熟度モデルで有名なCMMIの、データマネジメント版が発行されています。CMMIは、米国の国防総省の出資によって、カーネギーメロン大学が開発したプロセス改善モデルです。

　何ができていればデータガバナンスの成熟度が高いと評価できるのか、明確な指針を提供してくれます。前述の2つと同じく専門知識を要するのは同じですが、こちらは具体的な記述が多いので、そのまま取り入れられるアクションが見つけやすいです。

第7章　データマネジメント

315

― データマネジメント成熟度モデル

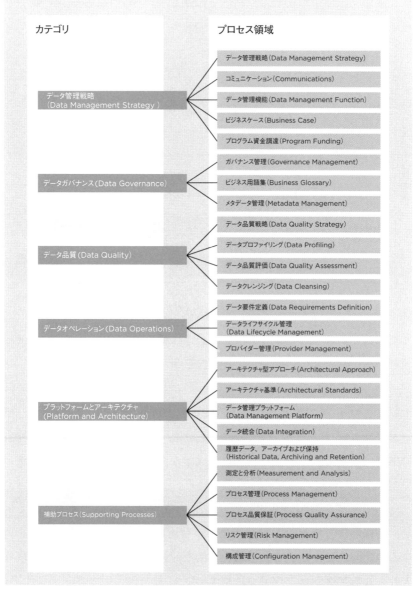

カテゴリ	プロセス領域

カテゴリ

- データ管理戦略 (Data Management Strategy)
- データガバナンス (Data Governance)
- データ品質 (Data Quality)
- データオペレーション (Data Operations)
- プラットフォームとアーキテクチャ (Platform and Architecture)
- 補助プロセス (Supporting Processes)

プロセス領域

- データ管理戦略 (Data Management Strategy)
- コミュニケーション (Communications)
- データ管理機能 (Data Management Function)
- ビジネスケース (Business Case)
- プログラム資金調達 (Program Funding)
- ガバナンス管理 (Governance Management)
- ビジネス用語集 (Business Glossary)
- メタデータ管理 (Metadata Management)
- データ品質戦略 (Data Quality Strategy)
- データプロファイリング (Data Profiling)
- データ品質評価 (Data Quality Assessment)
- データクレンジング (Data Cleansing)
- データ要件定義 (Data Requirements Definition)
- データライフサイクル管理 (Data Lifecycle Management)
- プロバイダー管理 (Provider Management)
- アーキテクチャ型アプローチ (Architectural Approach)
- アーキテクチャ基準 (Architectural Standards)
- データ管理プラットフォーム (Data Management Platform)
- データ統合 (Data Integration)
- 履歴データ、アーカイブおよび保持 (Historical Data, Archiving and Retention)
- 測定と分析 (Measurement and Analysis)
- プロセス管理 (Process Management)
- プロセス品質保証 (Process Quality Assurance)
- リスク管理 (Risk Management)
- 構成管理 (Configuration Management)

出典：DATA MANAGEMENT MATURITY (DMM) MODEL をもとに筆者作成
https://stage.cmmiinstitute.com/getattachment/cb35800b-720f-4afe-93bf-86ccefb1fb17/attachment.aspx

Q データガバナンスのプロジェクトは どのようにスタートすればよいですか？

A データガバナンスの概要を理解し、社内でのデータマネジメントの状況を把握し、リスクが高い領域を焦点にして体制を作るということが大きな流れになります。

データガバナンスのプロジェクトを具体的に始めようとする際に、大きな流れとしてどのように進めればよいのか、という質問をよく耳にします。

大きな流れとしては次のように進めるとよいでしょう。社内メンバーでデータガバナンスのプロジェクトを進める際の参考にしてください。

1. データガバナンスの概要を理解する
2. 社内のデータマネジメントの状況を把握する
3. ガバナンスポリシーを策定し、運用体制を構築する

一つ一つ見ていきましょう。

■ データガバナンスの概要を理解する

DMBOKなど、前述したデータガバナンスのフレームワークを理解します。全体像を把握することで、できる限り網羅的に論点を整理し、論点の漏れをなくすことが目的です。

■社内におけるデータマネジメントの状況を把握する

前述の成熟度評価などのフレームワークを用いて、社内のデータマネジメント状況を把握します。

また、関係者へのヒアリングやドキュメント調査などにより、主に次の内容を把握します。

- 現状の業務フロー
- データの取り扱い状況
- データフロー
- 上記で把握した現状を踏まえた、あるべきデータガバナンスの姿

「社内ではデータマネジメントなど一切できていないので、現状調査はやる必要がない」と感じる方も見受けられますが、一定のフレームワークを使い客観的に情報を整理し、詳細な事項まで把握していくことで、次のアクションに説得力を持たせ、他部署や各利害関係者への説明が容易になります。この部分をしっかり行うことで、予算もとりやすくなります。

■優先的に高リスク領域の方針策定・運用体制構築を行う

成熟度評価の結果で改善すべき領域のピックアップを行います。

その後、事業経営や構造上、高リスク領域から優先的に、データガバナンスの方針策定を行っていきます。

高リスク領域とは、事業へのインパクトや何かあった場合の事業継続への打撃が大きい領域ということです。企業によってどの領域にどの程度リスクを見積もるかは様々です。

7 - 5

 Q データマネジメントを手っ取り早く
スタートできる、実践例を教えてください。

A 具体的な実践例を DAMA のホイールごとに紹介します。

　前述のデータガバナンスの役割や意味から、DMBOK のフレームワークを使って実際に導入したことのあるアクションを紹介します。

　繰り返しになりますが、DAMA ホイールには11個の知識領域が存在しています。

- データガバナンス
- データアーキテクチャ
- データモデリング
- データストレージとオペレーション
- データセキュリティ
- データ統合と相互運用性
- ドキュメントとコンテンツ管理
- 参照データとマスターデータ
- データウェアハウスとビジネスインテリジェンス
- メタデータ
- データ品質

データガバナンスを除くこれらの項目一つ一つの、具体的なアクションの実践例を紹介します。

データアーキテクチャ：統合的なデータ分析基盤の構築を行う

データ利活用のために収集したデータの統合先（サーバー、ストレージ等）を1ヶ所に限定しましょう。無秩序に、様々なサーバーやストレージにデータを収集してしまうと、データ利活用に必要なコストは大きくなり、問題が起きたときの調査は難しくなります。

また、全社的なデータ分析基盤を作ることでデータのサイロ化や部署ごとのデータの分断を防ぐことができ、組織的にデータの活用を進められます。

結果的にデータの保存にかかるコストも抑えられ、どこにどんなデータが保存されているかいつでも調べることができるように（検索性を担保できている状態）なります。

データモデリング：データの検索性を担保する

収集したデータが、どこに保存されているか、どこへ移動したか、という「データリネージ」を追跡できる状態を作ることを優先しましょう。

例えば、プライバシー管理の観点で問題のあるデータを収集してしまった場合、確実な廃棄を行うためには、データがどこにあるか検索できる必要があります。それが実現できているなら、この問題についてはひとまず合格点を出してよいでしょう。

データモデリングのガバナンスを行うと、様々な価値が期待できますが、ガバナンスする側に、高いレベルのデータベースの専門知識が必要です。例示したようなリスクヘッジに優先的に取り組むべきです。

データストレージとオペレーション：データ品質をシステム変更から守る

データ品質が高い状態を守るためには、社内外のシステム変更の連絡が、あらかじめデータ利活用のシステム担当に入るように、コミュニケーションフローを整備しておく必要があります。

データ活用を目的としたシステムは、多くは社内外の様々なシステムからデータを収集する構造、アーキテクチャを保持しています。社内、社外を問わずシステムには日々変更が発生するものです。

システムの変更に伴って、収集するデータの内容が変わってしまうと、例えば売上予測の精度が下がってしまったり、売上予測を行う前のデータ処理がエラーになってしまう可能性があります。

社内、社外問わず、システム変更の事前連絡が得られないならば、一時的な利用を除いて、そのシステムからデータを収集するアーキテクチャを採用すべきではありません。

データセキュリティ：セキュリティは専門家に任せる

個人情報の流出への対策を最優先で実行させます。

データ利活用の多くは顧客のデータを活用します。つまり、データ利活用のセキュリティ上の最大リスクの一つは顧客の個人情報の流出です。

ネットワークの分離、外部からの侵入検知、内部の作業ログの監視、

などの対策をセキュリティの専門家に立案させましょう。

　データガバナンスはその幅広さから、担当者が全ての知識領域の専門家になることは不可能です。社内外から専門家を集めることが重要です。

データ統合と相互運用性：データの可用性・完全性・性能をレポートさせる

　前日や直近の1週間や1ヶ月で、データにアクセスができたか（可用性）、データの重複など誤りはなかったか（完全性）、データの収集や加工の処理は期日までに終わったか（性能）に関するレポートを定期的に受け取れるような仕組みを作ります。レポートの作り方は色々ありますが、スクラッチで社内にその仕組みを構築することももちろん可能ですし、データカタログやデータガバナンスのツールでは標準機能でできることも多いです。

　問題点があれば改善を指示し、重大な機会損失を最小化することに努めることが重要です。

ドキュメントとコンテンツ管理：個人情報がどこに保存されているか台帳で管理する

　ドキュメントを作成し、最新状態を維持するには大きなコストがかかります。だからこそ、データガバナンスとして厳しく管理するドキュメントは、最小限にしたいものです。

　そして、繰り返しになりますが、データ活用の最大リスクの一つは個人情報の流出です。どのような個人情報を保存しているのか、技術者でなくても把握できるようにドキュメントとして管理しましょう。

参照データとマスターデータ:マスターデータ管理を最初に行う

マスターデータ管理（Master Data Management）は、英語の頭文字をとった「MDM」と呼ばれ、データガバナンスの最重要要素の一つです。

例えば、どのような商品を取り扱っているかを記録しておくマスターデータは、「商品マスタ」と呼ばれます。高い頻度で利用されるであろうこの商品マスタが、誰に何の断りもなく消されたり変更されたりしてしまうと、商品マスタを参照しているサービスが全てエラーで止まってしまいます。

データ活用のサービス（社内、社外含む）を開始する場合、依拠するマスターデータを洗い出し、勝手な変更が行われないように社内の関連部署に働きかけてください。システム的にロックをかけたり、アクセス制限などで管理をすることも重要です。また、変更が発生する場合にはできるだけ事前に変更の発生を検知して、サービスを運営している側でも変更に対応できるよう指示を出すようにしましょう。

データウェアハウスとビジネスインテリジェンス:集計ルールを定め、BIシステムを積極的に使わせる

売上や来店人数など、重要なKGI[1]、KPI[2]は**集計ミスが起きると重要な経営判断を誤ってしまうリスク**があります。

そのため、BIシステムを使ってモニタリングする、というルールを設定することが必要です。

分析者がSQLなどのデータベースを操作するプログラムを都度コーディングして、KGIやKPIをモニタリングしている現場をたまに見かけ

※1 KGI:重要な目標や目的の達成度を測るための指標。
※2 KPI:組織の目標に合わせて設定された、成果を評価するための指標。

ます。しかし、優秀で高いスキルを持った分析者であっても、人間である以上、必ずミスをするという前提に立ち、集計プログラムをBIシステムに登録してしまった方が安全性が高いです。

例えば、「取締役会の議論に用いる分析レポートは、必ずBIシステムから参照する」というルールを設定することも、それ自体が有効なデータガバナンスと言えます。

メタデータ：誰が見てもデータの仕様がわかるようにする

メタデータとは、データの仕様などデータそのものの情報、データについて説明しているデータのことを言います。

例えば次のようなデータです。

- テーブル/カラム名、データに関する説明
- データの使用目的
- データ生成ポイント
- ファイルサイズ
- データ型、形式
- データ所有者
- データに関するガバナンスルール（共有方法、品質など）
- データ桁数
- データの所有権、権利関係の情報など

メタデータを検索して参照可能にしているシステムは、データ活用を推進するために必須のものです。

データ活用を推進し始めると、必ずと言っていいほど、社内システム

のデータの仕様がわからない、という大量の問い合わせが発生します。問い合わせに回答するのは、社内システムの保守担当などの有識者です。しかしながら、往々にして、社内システム担当の人数は限られており、問い合わせの回答に長いリードタイムがかかってしまいます。そのような問い合わせへの対応を効率化したり、自身で行えるようにするのが、メタデータ管理システムです。

　整備すべき対象となるメタデータは、「誰が、どのデータ活用をするか」といったユースケース次第であるということに注意が必要です。

　ユースケースが曖昧である場合は、とりあえず機械的に収集しやすいデータ型やカテゴリ値のパターン、連続値の統計量が整備されることが多いです。

データ品質：データ品質を正しく定義する

　データ品質として要求することは5W1Hで定義し、むやみにデータ品質管理ツールを導入しないようにしましょう。

　データ品質管理ツールは、各データ項目の平均値、最大値、最小値、分散といった、基本統計量のレポート、簡単な可視化チャートを自動作成する機能が備わっていることが多いです。

　ここで注意しなければならないことは、「基本統計量や可視化チャートがどのようになっていれば品質が高いのか」、という要件が定義されている必要があるということです。ツールを導入しただけで自動的に品質への要件を定義することは不可能です。

　データ品質が高い状態、とは「分析者がデータに求める正確性や完全性、適時性といった要件を満たせている状態」を指します。よって、そのデータによって実現したい状態を5W1Hの観点から定義することをおすすめします。

例えば、売上（=what）を日次で（=when）確認したいという要求に対して、月ごとの売上データを収集している場合は、whenの要求に合っていないので、データ品質が低い、と言えます。データに期待する要件をあらかじめ定義した上で、必要なツールを導入しましょう。むやみにツールを導入することはデータガバナンスにとって禁物です。

7-6

 **データ品質を上げるためには
どうしたらよいですか?**

A 様々な方法があり、それらを状況に合わせて組み合わ
せて行います。その中でもよく行ういくつかを、イ
メージを持っていただくためにご紹介します。

データマネジメントやデータガバナンスの取り組みの中でも焦点が当
たることが多いのがデータ品質です。ここでは、実務でどのような業界
でも焦点の当たることが多いデータ品質について深掘りします。

データが低品質な場合に起こること

データ品質が低い場合に起こるもっともイメージしやすい直接的なも
のとしては、誤った集計でしょう。この誤った集計から、判断ミスや業
務ミス、信用力低下など、様々な間接的な影響が生じます。
品質が高いデータ、低いデータの具体例を示します。

品質の低いデータの具体例

■不正確なデータ

誤った情報や間違った値が含まれるデータです。入力ミスや不正確な

データエントリーで起こります。例：顧客の住所に誤った郵便番号が入力されている。

■不完全なデータ

欠損や不足があるデータです。例：顧客の連絡先情報の電話番号が欠けている。

■矛盾したデータ

矛盾した情報が含まれるデータです。データの不適切な統合やシステムの不具合で起こることも多いです。例：顧客の購入履歴に同じ商品が複数の金額で記録されている。

■古いデータ

最新の情報ではなく、過去の情報が含まれるデータです。例：在庫数量が現在の在庫状況と合っていない。

品質の高いデータの具体例

■正確なデータ

正確な情報や正しい値が含まれるデータです。例：顧客の住所や連絡先情報が正確に入力されている。

■完全なデータ

欠損や不足がなく、必要な情報がすべて含まれるデータです。例：顧客の連絡先情報に電話番号やメールアドレスが完全に入力されている。

■ 一貫性のあるデータ

矛盾や衝突がなく、データ間の整合性が保たれているデータです。例：顧客の購入履歴と在庫数量が整合しており、商品の重複や価格の不一致がない。

■ 最新のデータ

最新の情報が反映されており、時系列に即したデータです。例：在庫数量が現在の在庫状況と合っており、最新の販売や入荷情報が反映されている。

データ品質の課題のように見えるが、そうでないことも多い

「データ品質が悪い」「データ品質を改善したい」という時、実際はデータ品質の課題ではなく、データアーキテクチャの課題であったり、ビジネスインテリジェンス側の課題など、純粋なデータ品質の課題ではないことも多く、原因は複雑に絡み合っています。

つまり、「純粋にデータ品質を高める」仕事と、「データ品質の課題のように見える課題をどう解決できるのかを考える」仕事というのは実務的には、大きく異なります。

どのようなケースにしろ、ご自身の置かれている環境で発生している課題のなかで解決すべき課題の特定が先です。この特定は、現状把握や整理、データアセスメント（データやデータアーキテクチャなどへの評価）をしてから行う必要があります。

そもそも「データ品質」とは何か

　純粋なデータ品質国際基準の一つ「ISO/IEC 25012（データ品質の評価）」をベースに日本政府が提供している評価基準は15種類が存在します。

— **データの評価項目**（ISO/IEC25012）

1.　正確性（Accuracy）
2.　完全性（Completeness）
3.　一貫性（Consistency）
4.　信憑性（Credibility）
5.　最新性（Currentness）
6.　アクセシビリティ（Accessibility）
7.　標準適合性（Compliance）
8.　機密性（Confidentiality）
9.　効率性（Efficiency）
10.　精度（Precision）
11.　追跡可能性（Traceability）
12.　理解性（Understandability）
13.　可用性（Availability）
14.　移植性（Portability）
15.　回復性（Recoverability）

出典：ISO/IEC25012データ品質管理ガイドブック

　これらの評価基準のなかでも次の3種類の基準は特に重要です。

・**正確性**：収集されたデータが正しいかどうかです。例えば数字の入力ミスや表記揺れ、重複があることなどが不正確なデータのわかりやすい例です。

- **完全性**：データに必要な情報が備わっていて、完全であるかどうかということです。すなわち欠落している列があったり、漏れがないということです。例えば、顧客データを扱っている際、名前、住所、電話番号などがありますが、そのうちの必要なものが抜けていないかということです。
- **適時性**：データのアクセシビリティのことです。必要な時に必要なデータがある状態になっているかということです。

データ品質を上げるアクションの第一歩

利用目的に合ったデータ品質を定義する、ということに尽きます。

この理想のデータ品質を定義する、という作業にはかなりの時間が必要です。プロジェクトにして大体数ヶ月から年単位のプロジェクトになります。

初期段階では、次のようなことを行います。

■ データプロファイリング

データセットのサイズ、含まれるデータ型（文字列、浮動小数点、日時、ブール値など）などはもちろんのこと、数値フィールドの最小値／最大値などの統計情報の要約、Null値や空白、スペルミスなども確認します。プロファイリングを行っていく過程で、エラーのある箇所なども特定します。

データプロファイリングを行う際、データの特性や品質を分析するためのツールを使うと便利です。データプロファイリングツールを使用することで、データの欠損や不正確な値、一貫性の欠如などの問題を特定することができ、また、データの異常値や重複レコードなども検出することができます。

ツールの具体例としては、以下のようなものがあります。

- Talend Data Profiler
- Informatica Data Quality
- IBM InfoSphere Information Analyzer

■インタビュー

データをすでに使っているユーザーへのインタビューを行い、データに関する課題や利用状況を確認します。

インタビューでは、一例として次のようなポイントを確認します。

- ユーザーが求める理想的なデータ品質
- ユーザーの認識する特に優先的であるべき領域
- どのようなガバナンス下において品質がマネジメントされているか
- データ品質に関するこれまでの課題
- SLA（ここでは、データ品質における Service Level Agreement）

ちなみに、データ品質を定義できた後も定期的に見直し、適切に運用されているかモニタリングも行います。データ品質を高めた後、本当に使われているか、実際使われているものはなんなのかも確認します。

■優先順位の設定

まずはデータ品質を上げるべきデータや領域に優先順位をつけます。

会社には多種多様なデータソースがあり、それらのソースに対して多種多様な使い道があるためです。

この優先順位づけは事業構造（ひいては業界構造）を勘案して行うべきも

のです。なぜなら、どのデータで何を出すことが自社の事業においてもっとも重要なのかは企業ごとに大きく異なるためです。一般的には、事業収益に大きなインパクトがあるデータが最優先になります。

　有限リソースの中で、使われていないデータに工数をさく意味はあまりないでしょう。

　また、データソースと最終的な使い道を、データリネージ（いつ、どこで、どのように取得されたデータで、どのように加工され、どのように分析されたのかを明確にするもの）をモニタリングすることで、何のデータが重要で何から優先的に行っていけばいいかを判断する材料となります。

■期待した品質とのギャップの特定と計画

　データプロファイリングやインタビュー、優先的な分野を絞ったら、ギャップを可視化します。理想的なデータ品質にするための施策を計画（予算、体制、技術）します。

データ品質を上げる打ち手の例

　データ品質の向上を図るために、様々な打ち手があります。第一歩を踏み出した後は、以下のようなアクションがあります。

■データ入力の検証

　データ入力時に必要なフィールドが入力されているかを確認する検証ルールを設定します。入力漏れや欠損を防ぐため、必須フィールドやデータのフォーマットを検証します。

■データ品質ルールの適用

　データ品質ルールを定義し、データの完全性を保証します。これに

は、データ項目の完全性を確認するためのルールや、外部キー制約を使用してデータの整合性を確保するルールなどが含まれます。誰がどのようなルールで品質を管理するか、整備することも必要になります。

■ データ品質監査と修正

　定期的にデータ品質監査を実施し、データの完全性を評価します。欠損データや不正確なデータを特定し、必要な修正を行います。これには、データのクレンジングやマージング、外部データの追加などの手法が活用されます。

■ データ品質のトレースとトラッキング

　データ品質の変更や修正を追跡し、履歴情報を保持します。これによ

― **データ品質のモニタリング1**

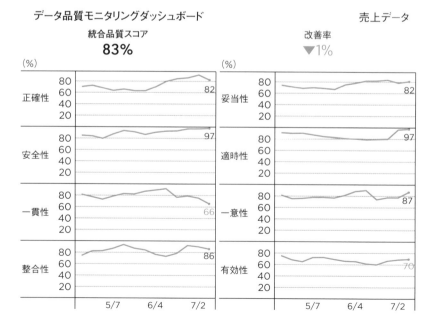

データ品質モニタリングダッシュボード　　　　　　　　　売上データ

統合品質スコア
83%

改善率
▼1%

り、データの変更に伴う品質の変化を把握し、必要な場合には元の状態に戻すことができます。

　実務としては、下図（データ品質のモニタリング1・2）のように可視化を行ってトラッキングすることも可能です。

■ データ品質教育とトレーニング

　従業員に対してデータ品質に関する教育とトレーニングを提供し、正確なデータ入力の重要性やデータ品質の基準についての理解を深めます。

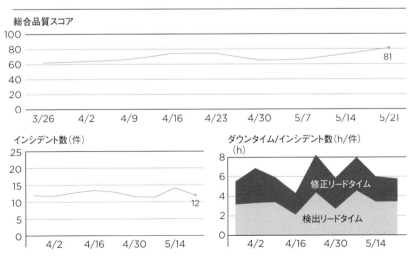

ー データ品質のモニタリング2

総合品質スコア	総処理数	インシデント数	エラー数
81	**113,455**	**12**	**5**
+8	+422	−2	−1

総合品質スコア

インシデント数（件）

ダウンタイム/インシデント数（h/件）

修正リードタイム

検出リードタイム

■データ品質の責任とガバナンスの確立

　データ品質に関する責任を明確にし、適切なデータガバナンスのフレームワークを構築します。データ品質を担当するチームや役割を明確化し、データ品質の管理と監督を行います。

■データ重複の排除

　データベースやデータウェアハウスにおいて、重複したデータを特定し、適切な処理を行います。例えば、一意の識別子を設定したり、データマッチングの手法を使用します。

■データ入力の制約

　データの入力時に制約を設けることで、重複データや不正確なデータの発生を防ぎます。例えば、一意性制約やデータ検証ルールを設定することで、重複したデータや不正な形式のデータを排除します。

■データ統合と一貫性の確保

　異なるデータソースからのデータ統合時に、一意性を確保するための適切な処理を行います。データ統合の際には、マージやデータマッチング手法を使用し、重複データを特定し、統合したデータの一貫性を確保します。

■マスターデータ管理

　マスターデータ管理（Master Data Management, MDM）を導入し、データの一意性を担保します。マスターデータ管理では、重要なデータ項目やエンティティについて一元的に管理し、一意性を維持します。

■ リアルタイムデータ処理

データをリアルタイムで処理し、迅速な情報更新を実現します。リアルタイムデータ処理システムやストリーミングデータ処理プラットフォームを導入することで、データの適時性を向上させることができます。

■ データ品質プロセスの最適化

データ品質管理プロセスの見直しと改善を行います。適時なデータ更新を確保するためのプロセスを構築し、データ品質の担当者や関係者とのコラボレーションを強化します。

■ SLA（Service Level Agreement）の設定

データ供給元やデータ利用者との間で、適時なデータ提供やデータ更新に関するSLAを設定します。これにより、データの適時性に対する期待値を明確化し、適時なデータの提供と更新を確保します。

データ品質の議論をする際に、やりがちなために認識しておくべきことがあります。データの流れ全体の中で、一回限りの分析や可視化のために出口側で高品質にすることは、あまり意味がありません。データの入り口側で永続的に高品質にしていくという発想が重要です。つまり、できる限り手元ではなく大元から高品質にする、ということです。

出口側（下流側）で品質を確保しようとすると、確実に修正工数は膨らみます。データの入口側（上流側）で修正した方が、業務は楽になり、データの信頼性も高まり、中期的にみた際には費用対効果が高まるはずです。上流側での不備を下流側で修正する場当たり対応では、いずれ限界がきてしまいます。

7 - 7

Q そもそもデータカタログとは
なんですか？

 A データカタログは、組織内のデータアセットに関する
メタデータ（データに関する情報）を管理するためのツー
ルやプラットフォームです。データの起源、構造、意
味、アクセス権限などの情報を組織全体で一元的に管
理し、データの可視化とデータ利用の促進を支援しま
す。

> **データカタログはデータの可視化とデータ利用の
> 促進を支援する**

　データカタログは自前で作成することも可能ですが、ツールやソリュ
ーションのことを指すことも多いです。具体的には以下のようなもので
す。

- Collibra Catalog
- Alation Data Catalog
- Apache Atlas
- Informatica Enterprise Data Catalog
- AWS Glue Data Catalog

これら以外にも様々なツールが存在します。組織の要件や環境に適し

ているかどうかを評価して、ツールを選択する必要があります。

データカタログの役割

データカタログには、次のような機能や特徴があります。

■ データの検索と探索

データカタログは、組織内の異なるデータソースやデータセットを一元的に管理し、利用者が必要なデータを検索して探索できる環境を提供します。データの属性やキーワードを使用して、関連するデータを見つけることができます。

■ データのプロファイリングとメタデータ管理

データカタログは、データのプロファイリングやメタデータ管理を行います。データの特性や統計情報、データのソースや所有者、更新日などの詳細な情報を収集し、データの理解と信頼性を高めます。

■ データの文書化とドキュメンテーション

データカタログは、データに関する文書やドキュメントを作成し、共有する機能を提供します。データの定義や用語の説明、データの利用方法や制約条件などを記録することで、データの理解と適切な利用を促進します。

■ データの血統と依存関係の可視化

データカタログは、データの血統（データの起源や変更履歴）やデータ間の依存関係を可視化する機能を提供します。データの流れや関連性を視覚的に把握することで、データの信頼性や影響範囲を評価することがで

きます。

■データのアクセス制御とセキュリティ

　データカタログは、データのアクセス制御やセキュリティ管理をサポートします。データの機密性やプライバシーの要件に応じて、適切なアクセス権限やセキュリティポリシーを設定することができます。

データカタログの重要性

　データカタログの重要性として、以下の点が挙げられます。

■データの可視性とアクセシビリティ

　データカタログは、組織内のデータを一元的に管理し、利用者が必要なデータを簡単に見つけられる環境を提供します。データの所在や特性、利用方法などの情報を統一的に記録し、データの可視性とアクセシビリティを高めます。

■データの理解と信頼性

　データカタログは、データのプロファイリングやメタデータ管理を行います。データの特性や統計情報、ソースや所有者、更新履歴などの詳細な情報を収集し、データの理解と信頼性を向上させます。これにより、データの品質や正確性を確保し、信頼性のあるデータに基づいた意思決定を促進します。

■データの一貫性と一元管理

　データカタログは、データの一貫性を確保するための基準やルールを設定します。データの重複や矛盾を排除し、データの一元管理を実現し

ます。これにより、異なる部門やシステム間でのデータの整合性を維持
し、データの信頼性と一貫性を高めます。

■データガバナンスとコンプライアンス

　データカタログは、データのアクセス制御やセキュリティ管理をサ
ポートします。データの機密性やプライバシーの要件に応じて、適切な
アクセス権限やセキュリティポリシーを設定することができます。ま
た、データのライフサイクル管理やコンプライアンス要件の管理も行え
ます。

■データ活用の質の向上

　データカタログは、データの活用性を向上させます。データの検索や
探索機能を提供し、利用者が必要なデータを容易に見つけられるように
します。これにより、データドリブンな意思決定や効果的なデータ分析
が可能になり、イノベーションや競争力の向上につながります。

データカタログの作成手順

　データカタログを作成する手順は8ステップあります。データカタロ
グツールなどがある場合、これらのステップをツールで一元的に行える
ようになっていることがほとんどです。特に専門のデータカタログを使
わず、自前で作成する場合には、次に紹介する手順に従うことで、デー
タの可視性とアクセシビリティの向上、データの理解と信頼性の確保が
強固なものになるはずです。

■Step1 目的と範囲の定義

　データカタログの目的と範囲を明確に定義します。どのようなデータ

を対象にするのか、どのような情報を収集するのか、利用者のニーズや要件は何かを明確にします。

■Step2 データの収集とプロファイリング

カタログに含めるデータを収集し、データの特性や統計情報をプロファイリングします。データのソース、形式、構造、関連性などを把握し、メタデータとして記録します。

■Step3 メタデータの定義と整理

データカタログで使用するメタデータ項目を定義し、整理します。データの属性、意味、関連情報、更新履歴などの項目を決定し、適切なメタデータスキーマ※を設計します。

■Step4 データの文書化

データの定義や用語の説明、データの利用方法や制約条件などを文書化し、ドキュメントとして整理します。利用者がデータを理解しやすくするための情報を提供します。

■Step5 データの関連性と依存関係の記録

データ間の関連性や依存関係を記録します。データの血統やデータフローを可視化し、データの依存関係を把握することで、データの利用や変更の影響範囲を評価できます。

■Step6 データのアクセス権限とセキュリティの設定

データのアクセス権限とセキュリティポリシーを設定します。データの機密性やプライバシーの要件に応じて、適切なアクセス制御やセキュリティ対策を実施します。

※ メタデータスキーマ：データベースや情報システムにおけるメタデータ（データに関する情報）の構造や組織を定義するための仕組み。データ管理やデータ統合、データカタログの作成、データ品質管理、データ検索など、さまざまなデータ管理活動で重要な役割を果たす。

■Step7 カタログの公開と共有

データカタログを利用者や関係者と共有し、アクセス可能な形で公開します。適切なツールやプラットフォームを使用して、利用者がデータカタログを検索して利用できる環境を提供します。

■Step8 カタログの継続的な更新と保守

データカタログは組織内のデータ環境の変化に合わせて継続的に更新される必要があります。新しいデータの追加や変更、メタデータの更新などを定期的に行い、データカタログの正確性と有用性を維持します。

Q データマネジメントの重要性を 経営層に理解してもらうには どうしたらよいですか？

A データガバナンスを整備しないことによる事故事例、それによる損失額などのリスク的側面とともに、データに関するQCD（品質、コスト、納期）が低下してしまっていることも強いきっかけになり得ます。

トラブル発生の場当たり的対応では限界がくる

データマネジメント活動は、基本的にはリスク回避・品質確保など、守りの側面の仕事です。すぐに利益が上がるなど、わかりやすいストレートなメリットはなかなか伝えづらいものです。

しかしながら、会社経営におけるリスク管理の一側面として、潜在的なリスクを把握し、アクションをとっておく、という行動はどのような企業にとっても重要です。世界のデータ総量は爆発的に増えており、データを扱う人、見る人も増えています。そのような中で、トラブルが表出するたびにその場しのぎの対応では限界が来ます。

整備しないことによるリスクやセキュリティの事故事例で危機意識を高めることが一番わかりやすいでしょう。個人情報流出事件などは、データマネジメントおよびデータガバナンスに問題があると言えます。

加えて、**機動的な事業経営にあたり**、データのQCD（Quality：品質、Cost：コスト、Delivery：納期）が低いことは解決すべき問題です。具体的に

は、「データ品質が低すぎて分析ができない」「データを信用できない」「データで何を行うにも手間がかかる」というのでは、せっかくデータを収集していても価値を発揮できません。

　これに風穴をあけるのがデータマネジメント活動です。

7-9

Q データガバナンスは、内部統制上のIT統制とは何が違いますか？

A 目的が異なります。データガバナンスの目的は、データの利活用に必要なデータそのものを安定的に獲得することであるのに対して、IT統制は財務システムの信頼性確保や不正リスクの軽減を目的としています。

データガバナンスは、**データの利活用に必要なデータそのものを安定的に獲得するための活動が、正しく行われるように監督するアクション**です。IT統制は、財務システムの信頼性確保や不正リスクの軽減を目的としており、内容も大きく異なるものです。

言い換えれば、「うちはIT統制をやっているから大丈夫だ、問題ない。データガバナンスもやると二重投資になってしまう」ということではありません。

ただし、内容が類似している事項もあるので、データガバナンスの構築を考える際は、既存の社内規則などの調査・考慮は網羅的に行う必要があります。

Q データガバナンスは全社規模で
一斉に開始すべきですか？

 最初から大規模な取り組みとして進めるのは非現実的で、なかなかうまくいきません。まずは限定的な領域に適用できるガバナンスを構築していくのがよいでしょう。

データガバナンスは、その対象領域が広くて複雑なため、関係者も幅が広くなることから、全社規模で一気に行うというのは実務的には非常にハードルが高いです。

もし、今の状態がデータガバナンスにおける初手、もしくは未着手の状態でしたら、企業のデータ部門などである期間において一定の対処可能な範囲をスコープとして着手し、順次領域を広げていくという進め方がよいでしょう。

例えば、今期は経営課題として重要である営業部、人事部で着手し、その後その期間での成果を見ながら広げていく、というようなイメージです。

Q データカタログツールが高くて
導入できません。どうしたら自前で
データカタログを作成できますか？

A ツールは便利ですが、ドキュメントできちんと情報管理さえできていれば最低限の要件は満たせます。

　データカタログツールはデータの検索性を上げるために便利なツールではあります。

　しかし、予算の関係で、導入したいが難しいという声も同時によく聞くテーマです。

　実際のところ、「あるデータが、どこでどう使われて、どのような状態で、どう連携されているのか」がわかればよいので、他のツールでできれば最低限はクリアということになります。

　それさえできていれば、社内ポータルサイトや社内Wikiでのリンク集でも問題ないでしょうし、Notion、スプレッドシート、Confluenceをデータカタログとして活用することももちろん可能です。

　専門的なデータカタログツールが本当に必要かは次の事項を整理してからでも遅くないでしょう。

- メタデータの要件（項目の設計）
- 各種データのデータオーナー
- メタデータの標準形式

● メタデータの運用体制、仕組み

　ツールを入れることよりも重要なのは、売上貢献性が見えにくいメタデータ管理業務において、現実的な運用フローや人員体制を組むことです。それらをメンバーで話し合い、着地点を見つけていきましょう。データカタログツールの導入だけを進めても、その後はデータカタログの作成に関する規定類の整備、手順類を定める必要があるため、意外に人手がかかります。しっかりその後の運用や現実的な体制・チームづくりを考えながら進めることが重要です。

　この運用フローが装着され、規模が大きくなってきて初めてデータカタログツール導入を検討するということでも遅くはありませんし、ツール導入はその方がうまくいくはずです。

Q　データアーキテクチャの
可視化はなぜ必要で、
どのように作っていくのですか？

A　データの入口から出口までの流れの中で、非生産的で、
非効率的なことをしてしまっていることに気づけたり、
データ漏洩リスクなどに気づけるからです。

　何もしないでいると、データはどんどん増え続けます。そして、その
データの管理を何もしないでいると、各部署で思い思いのデータマート
が立ち上がってしまうなどサイロ化が進んでしまいます。

　どのデータが業務のどのプロセスや分析に使われているか把握できる
ようにするのがデータアーキテクチャです。**扱うデータソースは常に増
えており、アーキテクチャの可視化があって初めてこの多様なデータソ
ースを関係者全員が安心して使えるようになります。**これがなければ、
データが信頼できないのはもちろん、**業務で必要なデータの品質基準も
定義できず、データの品質管理もままならなくなってしまいます。**

　アーキテクチャの可視化をする過程においては、様々なことが発見さ
れます。例えば、データ抽出タイミングにバラつきがあることがわか
り、そのバラつきから生じる情報鮮度の違いをビジネスユーザーが未認
識のまま利用している可能性があるとわかることはよくある例です。こ
れらのような事実を発見し、改善のプランを立てることで、誤った解釈
でデータ分析を行う可能性を防げます。

　言い換えれば、**適切で理想的なデータアーキテクチャが可視化されて**

いれば、データの流れの非効率性を防ぎ、リスクも下げることができます。

データアーキテクチャの設計プロセス

データアーキテクチャの設計における一般的な手順として、以下のような進め方があります。

■Step1 ビジネス要件の理解

データアーキテクチャの設計においては、まず事業上の要件や目標を理解することが重要です。組織の戦略やビジネスプロセスを把握し、データがどのように活用されるかを明確にします。

■Step2 データ要件の特定

ビジネス要件に基づいて、データ要件を特定します。データの種類、量、頻度、品質、セキュリティ要件などを明確にします。また、データの主体や関係者、データの利用方法なども考慮します。

■Step3 データモデリング

データモデリングは、データの構造や関係性を定義するプロセスです。エンティティ関係図（Entity-Relationship Diagram）やクラス図を使用して、エンティティ[※]とそれらの関係を表現します。データモデリングによって、データの正確性、整合性、効率性を向上させることができます。

■Step4 データアーキテクチャの設計

データアーキテクチャの設計を行います。データのストレージ方法、

※ エンティティ：データを管理したい対象を、管理目的に応じてグループ分けしたもの

データ統合手法、データセキュリティのポリシーなどを定義します。また、データの流れや処理の詳細な設計も行います。

　既に作られていればそれらを取得します。組織の中で準備されていない場合や部分的にしかない場合は、関連部署にインタビューしながら作っていきます。

　データの流れを一つ一つ読み解き、データに優先順位をつけ、効率的な流れを可視化していく作業がデータアーキテクチャの可視化です。非常に地道な作業ですが、大きく組織のデータ活用の生産性が上がる布石となります。

■Step5 テクノロジー（技術）の選定

　データアーキテクチャに使用する技術やツールを選定します。データベースシステム、ETLツール、クラウドサービスなど、組織の要件に合わせたテクノロジーを選びます。

■Step6 ガバナンスフレームワークの策定

　データガバナンスの枠組みを設計します。データの品質管理、データセキュリティ、データアクセス権限など、データの管理とコントロールに関するポリシーや手順を定義します。

■Step7 実装計画と展開

　技術的な観点と事業的な観点の両サイドから、改善ポイントを特定し、どのように最適化をはかっていくか／どのような打ち手があるかの計画をして、展開します。

　コストがかからず、すぐに解決できるものもあれば、大規模で大掛かりな改修が必要になってくるものもあるでしょう。これらを一つ一つ議論していく作業が必要になります。

データの移行やシステムの統合など、実際の環境への導入を計画し、適切なテストと監視をします。

データアーキテクチャ設計・実装時の課題と注意点

データアーキテクチャの設計と実装をする際には、次のような課題や注意点があります。

■複雑性と柔軟性のバランス

データアーキテクチャは、データの複雑性に対処しながら、将来の拡張や変更にも柔軟に対応できるように設計する必要があります。複雑性の増加が設計を困難にし、柔軟性の不足が将来の変更や成長に制約を加える可能性があります。

■データ品質と一貫性の維持

データアーキテクチャの設計では、データ品質の維持と一貫性の確保が重要です。データの正確性、完全性、一貫性を保つための適切なプロセスや品質管理手法を導入する必要があります。

■データセキュリティとプライバシーの保護

データアーキテクチャは、データのセキュリティとプライバシーの保護にも配慮する必要があります。適切なアクセス制御、データ暗号化、セキュリティポリシーの適用などの対策が必要です。

■データの統合と相互運用性

組織内の異なるデータソースやシステムの統合と相互運用性を確保す

ることも重要です。データの統合手法やインターフェースの設計に注意を払い、データの一元化や効果的なデータの流れを確保する必要があります。

■テクノロジーの選定（技術選定）と進化への対応

データアーキテクチャの設計では、適切なテクノロジーの選定と将来の技術進化への対応も考慮する必要があります。最新のテクノロジーとベストプラクティスに対する情報収集や常に進化するデータマネジメントの要件に対応することが求められます。

■組織の文化と変革の管理

データアーキテクチャの設計や変更は組織全体の文化やプロセスにも影響を与えます。そのため、変革管理や組織の意識改革を適切に管理し、データドリブンな組織文化の構築に向けた取り組みを行う必要があります。

おわりに

　本書を手に取っていただき、誠にありがとうございます。

　データは現代のビジネスにおいて非常に重要な要素となりました。企業や組織は膨大なデータを収集し、活用することで競争力を獲得しようとしています。しかし、データ分析やデータ活用は単なるツールや技術だけではなく、プロジェクトの立ち上げから運営、結果の活用までを網羅する総合的なアプローチを必要とします。

　本書では、データのプロジェクトを成功に導くためのノウハウをご紹介しました。プロジェクトを進める側、またはプロジェクトを依頼する側の両方にとって有益な情報を提供することを目指しました。具体的な手法やツールだけでなく、プロジェクトの計画立案、チームの構築、コミュニケーションの重要性など、幅広いトピックを取り上げました。

　さらに、本書では実践的な事例やユースケースを通じて、データに関するプロジェクトのリアルな現場を描写しました。成功したプロジェクトの秘訣や失敗から得られた教訓など、実際の経験に基づく知見を盛り込んでいます。これらの事例を通じて、読者の方々が自身のプロジェクトに活かすことができることを願っています。

　データの世界は常に進化しています。

　新しいテクノロジーや手法が登場し、ビジネス環境も変化し続けています。本書で紹介した原則やアプローチは、基本的なフレームワークと

しての役割を果たすものです。これらを参考にしながら、読者の皆様それぞれの環境やニーズに合わせて応用・発展させていただければと思います。

　最後に、本書の執筆にあたり多くの方々にご協力いただきました。ここに御礼を申し上げます。
　本書が読者の皆様のデータ分析プロジェクトを成功に導くための道しるべとなることを願っています。

データビズラボ株式会社 代表取締役
永田ゆかり

スペシャルサンクス
データビズラボ社員一同
キャップジェミニ株式会社 野口晶史さん
株式会社エルデシュ 代表取締役 岩永二郎さん
作家のふろむださん

索引

著者

永田ゆかり（ながた・ゆかり）

データビズラボ株式会社代表取締役
早稲田大学政治経済学部卒業。アクセンチュア、楽天、KPMGなどを経て、データ専門の
コンサルティングファーム、データビズラボを立ち上げる。
国内大手企業に対しデータ分析・可視化、データマネジメント、データガバナンスなどの
コンサルティングを提供している。
内閣府 日本学術会議 総合工学委員会 委員。株式会社アドベンチャー社外取締役。認定ス
クラムマスター。
著書に『データ視覚化のデザイン』（SBクリエイティブ）がある。

データビズラボ公式サイト
https://data-viz-lab.com/

データ分析のリアル まるごとQ&A

2023年7月19日 1版1刷

著者	永田 ゆかり
発行者	國分 正哉
発行	株式会社日経BP
	日本経済新聞出版
発売	株式会社日経BPマーケティング
	〒105-8308　東京都港区虎ノ門4-3-12

ブックデザイン	沢田 幸平（happeace）
DTP	朝日メディアインターナショナル
印刷・製本	シナノ印刷

ISBN978-4-296-11702-4
©Yukari Nagata, 2023